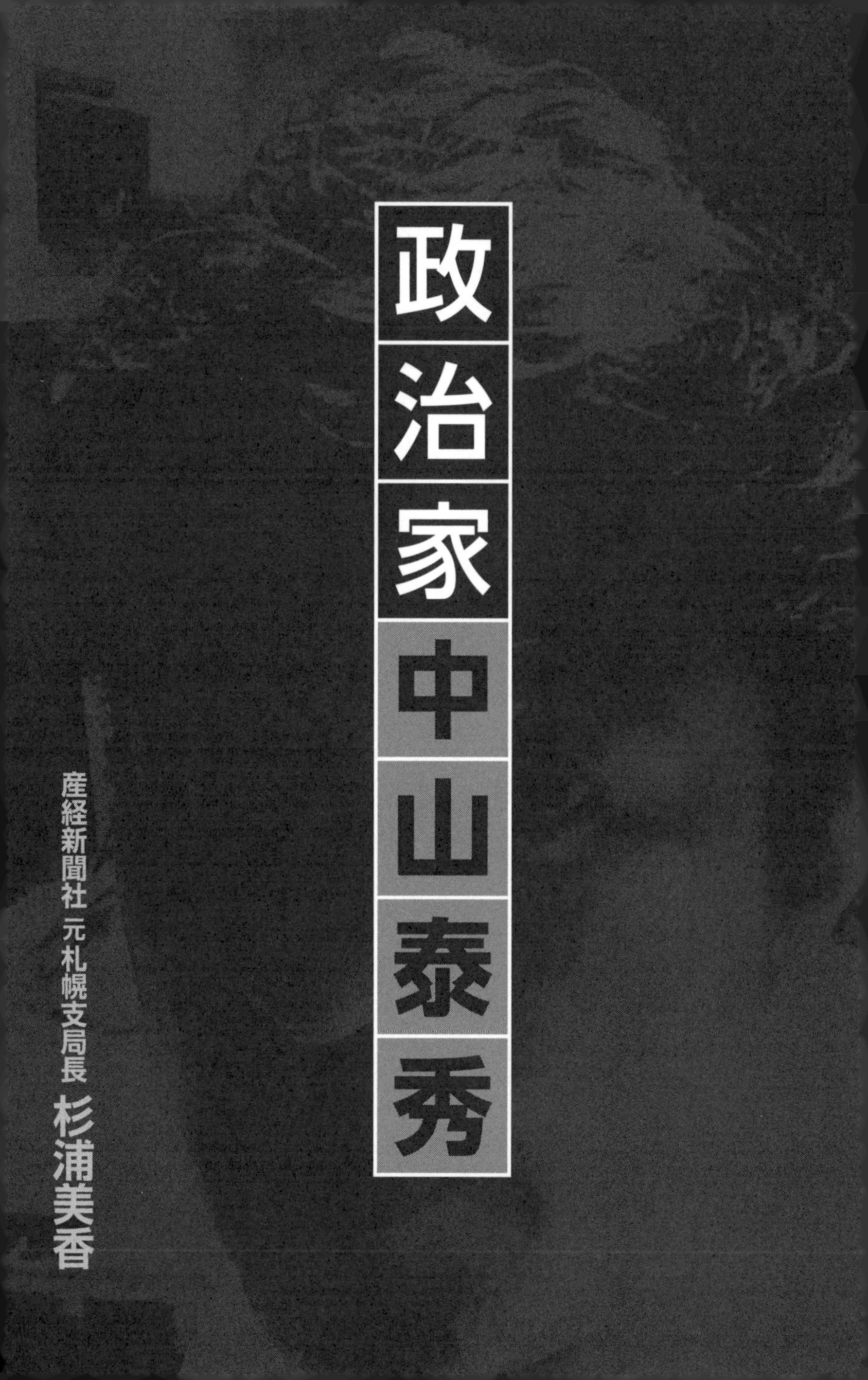

政治家 中山泰秀

産経新聞社 元札幌支局長
杉浦美香

《目　次》

はじめに

大阪四区選出。当選回数五回。今年（二〇二一（令和三）年）一月、防衛副大臣である中山泰秀《なかやまやすひで》氏についての本をまとめるきっかけをくださったのは、二十年来の友人である歴史学者で元海兵隊太平洋基地政務外交部次長のロバート・D・エルドリッヂ氏でした。私が約三十年間在籍していた産経新聞は沖縄に支局はありましたが、裁判や住民投票など全国的なニュースの場合は、大阪本社の記者が沖縄に出張取材をしていました。大阪本社で社会部だった私は、在沖縄海兵隊の訓練や二〇〇〇（平成十二）年の九州・沖縄サミットなどでしょっちゅう沖縄に取材に出向いており、大阪大学で教鞭をとり、沖縄を研究していたエルドリッヂ氏にお世話になっていました。

そのエルドリッヂ氏は著書『オキナワ論　在沖縄海兵隊元幹部の告白』（新潮新書）の中で、中山氏のことに言及していました。

「私が海兵隊に入ってから知った政治家にも色々な方がいますが、中には最初から喧嘩するためだったり、あるいは私から問題発言や失言を引き出そうとしてくる革新系の議員もいました」としたうえで、「その場では美辞麗句を並べるけれどその後のフォローがない、有言不実行型の政治家は好きにはなれません。わざわざ沖縄までやって来て『政治家として勉強になった』と言うなら、何がどう勉強になったか、あるいは何が分からなかったでも構わないから、自分なりのフィードバックはあるべきだと思います。それができない政治家が、人として信頼関係を作れるとは思えません。逆に、こちらが伝えたことに対してきちんとフィードバックがあるだけではなく、新たな助言や機会を提供してくれる政治家もいます」として、中山氏を例にあげていました。

「謙虚な人柄で責任感も行動力もあり、発想力も豊かです。二〇〇九（平成二十一）年の衆院選に負けて下野していた頃、彼の提案で海兵隊を日本国民に紹介する勉強会（海兵隊基礎セミナー）を作ったところ大盛況でした」と紹介しています。

中山氏だけではなく、鳩山政権の時の平野博文官房長官、東日本大震災の時に防災担当副大臣だった民主党の東祥三氏らも、信頼に足る政治家として名前をあげていました。

エルドリッヂ氏は東日本大震災における米軍の災害支援「トモダチ作戦」のコーディネートをはじめ日本政府と米軍の懸け橋になってきたのですが、米軍基地前の反対運動の様子を撮影した動画を第三者の手を通じて公開したことで、職を追われました。エルドリッヂ氏の筋を通し、信念のためには歯に衣着せない人柄を知っていますので、中山氏をこのようにとりあげていることに、大きな関心を持ちました。

議員会館の中山氏の部屋を訪ねたところ、中山氏との接点がよみがえりました。産経新聞大阪本社にいた二〇〇三（平成十五）年、米国務省の招待で米国についての見聞を深める人物交流プログラム（ＩＶＬＰ）に参加した私は、同じプログラムに時期は違いますが参加した中山氏と一度だけ、顔を合わせたことがありました。京都外大の前副学長で、当時在大阪神戸米国総領事館に勤務していた熊谷俊樹氏が、国会議員になる前の中山氏を「前途有望な政治家」として引き合わせてくれていました。具体的なことは何一つ覚えていないのですが、国務省のプログラムについて情報交換したように記憶しています。不思議な縁を感じました。

中山氏自身も台湾、中国など機微に触れる問題でも筋を通して発言します。祖父母、伯父も国会議員という政治家一家に生まれ育った中山氏についてがぜん興味がわき、中山氏の取材に取り掛かりました。

中山氏は取材に応じる理由について「世襲と批判を受け続けました。おやじは政治家としてストレートですから敵も多かった。世襲はいい意味でも悪い意味でも、十字架を背負っており、攻撃にさらされる。インターネットで検索すれば、私に対する誹謗中傷の情報は消えない。何かで私が早く死ぬこともある。残された娘とせがれにおやじのことで悔しいことがあったらこの本を読めよと言ってあげたい。彼らが生きていくうえで、情報の武器を与えたかった」と話され、忌憚《きたん》なく書いてほしいと言われました。

日本初の女性閣僚として厚生大臣になった祖母のマサ氏（故人）、弁護士から議員になった祖父の福蔵氏（故人）、元建設大臣の父、正暉氏、元外務大臣の伯父という政治家一族のサラブレッドでありながら何度も落選を経験、その中で日本のために何ができるかを考え、当選を重ねてきた中山泰秀という人物を伝えることができればと思います。

なお、文中の人物の肩書はその当時のもの、敬称は再掲の場合は基本、省略させていただきました。参考文献であげた本、産経新聞、読売新聞、毎日新聞などの紙面、オンライン記事、中山氏のＳＮＳ、ブログなどを参考にさせていただきました。インタビューを元に再現しましたが、こちらで補ったところもあります。本書の内容の責任は、すべて筆者にあります。

プロローグ

自衛隊のワクチン大規模接種センター前の中山

自衛隊が初のワクチンの最前線に

二〇二一（令和三）年五月二十四日。東京都千代田区の大手町合同庁舎三号館の新型コロナウイルスワクチンの大規模接種センターに、陸上自衛隊の日章旗が風になびいていた。その建物に早朝から高齢者が次々と吸い込まれていった。自衛隊が運営する初のワクチン大規模接種の初日とあって、テレビの中継車や各メディアの記者らも入り口近くを取り巻き、訪れた高齢者に中の様子や感想を聞いていた。

受付、問診から接種まで一人にかかる時間は当初の予定どおり、約三十分。接種を終えた高齢者は一様に安堵の表情を浮かべていた。

東京での一日の接種数は五千人、大阪の会場となる大阪市北区の大阪府立国際会議場では二千五百人。能力としては東京で一万人、大阪で五千人。初期は「試運転」として小規模運用でのスタートとなった。

菅義偉首相はこの日午後、東京会場を視察した後、「自衛隊らしく、組織で整然と接種が行われている。なんとなく、ほっとしております」と記者団に述べ、自身も安堵の表情を見せた。背後に控える防衛省大規模接種対策本部長である防衛副大臣、中山泰秀も、国の最高司令官である菅の言葉に身が引き締まる思いを感じていた。

国民へのワクチン大規模接種という、自衛隊初のミッション（任務）実現まで紆余曲折があった。

先進国から周回遅れでワクチン接種が始まった日本。高齢者の一回目の接種が終わった割合は一％にも満たず、経済協力開発機構（ＯＥＣＤ）加盟国三十八カ国中最下位という有様だった。

各市区町村が行う六十五歳以上の高齢者への接種が四月から順次、スタートしたが、予約に際してトラブルが続出していた。電話を何度かけてもつながらない。インターネット予約もすぐに枠が埋まってしまう。システム障害でなかなか予約できない状況に国民の不満が募っていた。三度目の緊急事態宣言を発しても、新規感染者数減少になかなかつながらない。医療は逼迫。一年延期になった東京オリンピック・パラリンピック二〇二〇開催までの日程は

ワクチン大規模接種センターで最後の確認を行う中山

迫っていた。

東京五輪を開催できるかどうか疑問の声が内外で上がる中、出口が見えない新型コロナウイルスとの戦いで、頼みの綱になるのがワクチン接種だった。世界に目を向ければ、国民の約半数がワクチンを接種しているイスラエル、米国などワクチン接種が進んでいる国は目に見えて新規感染者数が減り、生活制限も段階的に緩和が進んでいた。

崖っぷちの様相の日本の突破口として動いたのが、「最後の砦」（岸信夫防衛大臣）である自衛隊のワクチン大規模接種センターだった。

二回目の本部長

産経新聞（五月十七日付朝刊）によると、菅首相の特命を受け一月下旬から、杉田和博官房副長官をトップに防衛省、厚生労働省、総務省などから集まった約十人のチームが編成された。動員のプロである自衛隊がモデルケースを示すことで、都道府県による大規模接種会場設置を促す狙いがあった。水面下での検討を経て、三月半ばに大規模接種センターの現在の形が固まった。

菅首相がこの考えを公にしたのは、四月十二日の衆院決算行政監視委員会だ。「接種を自衛隊にもお願いしたいと思っています」と質問に答える形で明らかにした。

世界に目を向ければ、新型コロナウイルスワクチン接種の優等生であるイスラエルは、反イスラエルのアラブ諸国と対峙しており、常に有事体制だ。ワクチン接種を含め、新型コロナウイルス対応に軍も投入していた。米国も一部の州で軍が投入されている。

岸防衛大臣は四月二十七日の閣議後の記者会見で、菅首相から大規模接種センター設置の指示があったことを発表。この日のうちに防衛省で関係幹部会議を開き、中山を本部長とする「大規模接種対策本部」を設置、五月二十四日を目標とし、東京都内に大規模接種センターを開設すべく速やかに準備を開始すること、さらに大阪府を中心とする地域を対象とした支援について検討を行うことを改めて指示した。

中山の頭にはある記憶がよみがえった。

二〇一五（平成二十七）年、中東におけるイスラム過激派組織「イスラム国」（ＩＳ）による日本人人質事件で、当時の安倍晋三首相の命で、ヨルダンに設置された現地対策本部の本部長に任じられたことだ。

「人生において本部長になったのは二度目だ。人質事件では、残念だが命が失われてしまった。今回は、どれだけうまく大規模接種センターを運営できるのかということになる。失敗は許されない」

弾《タマ》をこめて打て、打て、打て！

これまでも自衛隊は新型コロナウイルスに対応してきた。世界に新型コロナウイルスの脅威を知らしめた大型クルーズ船「ダイヤモンド・プリンセス号」、北海道・旭川、大阪、沖縄・宮古島の新型コロナウイルス対応では、医療者の人員不足のため、感染拡大防止の救援という災害派遣対応で自衛隊の医官や看護官が派遣された。

ただ、今回のワクチン接種は災害派遣ではなく、自衛隊中央病院の任務の一環という枠組みで行った。

岸防衛大臣は、四月二十七日の記者会見で、記者に法的根拠を聞かれ、「防衛省は様々な病院を運営している。自衛隊中央病院等々です。根拠としては同じような形になり、自衛隊法の二十七条の一項及び自衛隊法施行令の四十六条三項の規定に基づいて、隊員のほか隊員の扶養家族、被扶養者等の診療に影響を及ぼさない程度において、防衛大臣が定めるところにより、その他の者の診療を行うことができるとされていることから、新型コロナウイルスワクチンの接種は自衛隊中央病院が果たすべき本来の任務の一つということで行ってまいります」と述べている。

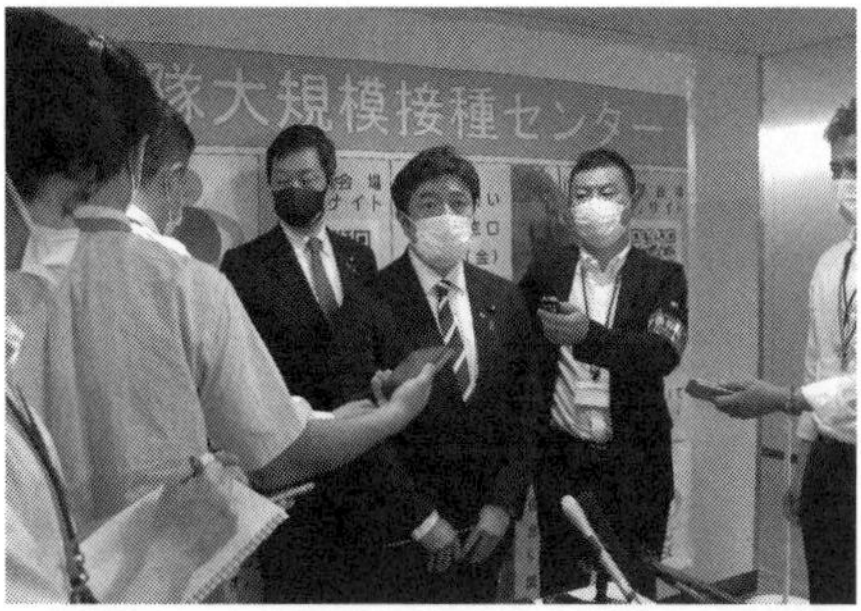

大規模ワクチン接種センターでメディアの質問に答える中山

法的根拠も初めてという、初めてづくしのオペレーションとなった。投入されたのは東京、大阪で医官約八十人、看護官約二百人。常時、約二百人の民間の看護師が加わる。しかし、初のミッションに、批判や様々な意見が野党に限らず寄せられた。

「自衛隊は便利屋ではない」

「なぜ東京と大阪だけ国が主導するのか。来る東京都議会議員選挙（七月四日）に向けたパフォーマンスではないのか」

「緊急事態宣言下で、大規模接種センターを設けること自体が感染を広げないのか」

「沖縄・尖閣諸島、台湾海峡などで有事が起きたときに対処できるのか」

「災害対応に影響はないのか」

こういったそもそも論から始まり、当初ネットのみの予約になったことへの批判もあった。また、市区町村の予約システムと連動していないため二重予約を排除できない、一度入力ミスをして前画面に戻ると入力できなくなる、自治体の接種券の記載と違う番号を入力しても予約がとれるなどの不備も見つかった。架空のナンバーを入力したメディアとの軋轢も起きた。

こうしたトラブルの一方、自衛隊ではシミュレーションにつぐシミュレーションで、直前まで確認が行われた。

「万全の態勢が整っていることが確認できた。自衛隊は平時から有事を想定している。こなしたことがないミッションであっても、それを遂行するために準備をする組織だ。ミスを起こさないために最善を尽くす。どんなことが起こっても、柔軟性をもって対処していく」と中山は話す。

そのうえで、「総理の号令のもと、『弾《タマ》をこめて（ワクチンを）打て、打て、打て』という極めてシンプルな任務だ」と解説する。

菅首相の号令は効いた形だ。自衛隊がモデルケースを示すことで、愛知や群馬、宮城などの各自治体も大規模接種会場を設置、ほかの自治体も大規模接種センターの設置に動いた。菅首相の目指す一日百万回、高齢者の接種を七月末までに完了するという目標をクリアするため、日本全体がワクチン接種に動き始めた。

第1章

イスラム国との戦い

ヨルダンの大使館前で、メディアに取り囲まれる
中山（提供　ロイター／アフロ）

外遊最終日の一本の電話

二〇一五（平成二十七）年一月二十日。イスラエルの都市・エルサレム。その日は、第三次安倍内閣で初となる五日間にわたる中東訪問の最終日だった。中山にとって、イスラエルは特別に思い入れのある国だ。日本イスラエル友好議員連盟事務局長（現・幹事長）を務め、父、正暉は友好議員連盟の立ち上げメンバーでもある。親子二代にわたり縁が深いイスラエルで、首相を自ら案内することは外務副大臣に就任する前からの中山の願いでもあった。

日本政府団の宿舎になっていた「ザ・ディビッド・シタデル・ホテル」の一室で中山が朝の準備をしていたときだ。午前六時半ごろ、一本の電話がかかってきた。受話器をとると、電話の声の主は安倍首相本人だった。

「すまないが、今から部屋に来てくれないか」

とるものもとりあえず、首相が滞在している九階のスイートルームの会議室に駆けつけると、そこには厳しい表情の安倍首相と世耕弘成官房副長官の姿があった。

「これを見てほしい」

安倍の指さす先には、オレンジ色の服を身につけ、後ろ手にしてひざまずかされた日本人とみられる男性二人と、その二人の間に、目だけを出した黒ずくめの男が砂漠に立つ静止画が、タブレットの画面に映し出されていた。

過激派組織イスラム国（ＩＳ）が動画投稿サイト「ユーチューブ（ＹｏｕＴｕｂｅ）」で世界に発信したあの動画の一シーンだった。

人質にされたとみられる後藤さんと湯川さんの映像（提供　Shutterstock/アフロ）

公開された動画は、首相の今回の訪問についてＮＨＫが報じる国際ニュースから始まり、首相がエジプト・カイロで行ったスピーチの場面へと転換する。そこに、「日本の政府と国民へのメッセージ」という英語のタイトルが画面に現れる。オレンジ色の服を着せられた男性には、「ＫＥＮＪＩ　ＧＯＴＯ　ＪＯＧＯ」「ＨＡＲＵＮＡ　ＹＵＫＡＷＡ」の字幕がつけられていた。
黒ずくめの男は英国なまりの英語で、「日本の総理大臣へ。日本はイスラム国から八千五百キロ以上も離れたところにあるが、この聖戦に進んで参加した。我々の女性と子どもを殺害し、イスラム教徒の家を破壊するために一億ドルの支援金を得意げに拠出した。だから、この日本人の男の解放には一億ドルかかる。それから、イスラム国の拡大を防ごうと、イスラム戦士に対抗する背教者を訓練するために、さらに一億ドルを支援した。だから、この別の男の解放に一億ドルかかる」と述べた。さらに、「日本国民へ。日本政府はイスラム国に対抗するために愚かな決断をした。二人の命を救うため政府に二億ドルを払う賢い決断をさせるように圧力をかける時間はあと七十二時間だ。さもなければ、このナイフが悪夢になるだろう」と締めくくられていた。

部屋には重苦しい空気が流れていた。この日、首相は内外の記者会見の後、ヨルダン川西岸のパレスチナ自治区に入り、アッバス議長と会談。そして両首脳の記者会見をこなし、エルサレムに戻りその日の夜、帰途に就く予定だった。

「ヨルダンに中山外務副大臣を派遣し、現地対策本部長をしてもらえばどうでしょう」

世耕が首相に提案した。

「それはいい考えだ。我々は日本に戻って対応にあたるが、ヨルダンで現地対策本部長として情報収集、分析対応にあたってほしい」

「わかりました」

中山は部屋に戻り、荷物のパッキングを始めた。

「長期戦になるかもしれないな」

という考えが頭をよぎった。

安倍首相のスピーチで語られた二億ドルの支援

「地球儀を俯瞰する外交」を掲げる安倍首相の中東訪問は十六日、エジプト・カイロから始まった。問題になった安倍のスピーチは翌十七日朝、「日本・エジプト経済合同委員会会議」で行われた。

「イブラヒーム・マハラブ首相閣下、日エジプト経済合同委員会の皆様、ご列席の皆様。アッサラーム・アレイクム・ジャミーアン（皆さん、こんにちは）。

今回このように、悠久の歴史と文明を誇るエジプトを訪問することができたことを心から嬉《うれ》しく思います。今回で、この二年のうち、五回目の中東訪問になりますが、これは日本がいかにこの地域を大切に思い、尊敬の念を抱いてきたかを示すものです」

スピーチはアラビア語の挨拶から始まり、「日本政府は中東全体を視野に入れ、人道支援、インフラ整備など非軍事の分野で、二十五億ドル相当の支援を新たに実施いたします」と宣言。さらに、エジプトの国際空港や電力網の整備に対する円借款や地下鉄、再生可能エネルギーなどへの技術協力に加え、これから訪問するヨルダン、パレスチナへの援助を明らかにした。そして、「イラク、シリアの難民・避難民支援、トルコ、レバノンへの支援をするのは、ISIL（ISの別名）がもたらす脅威を少しでも食い止めるためです。地道な人材開発、インフラ整備を含め、ISILと闘う周辺各国に、総額で二億ドル程度、支援をお約束します」と続いた。中東訪問のハイライトともいえる重要なスピーチで、経済人を中心に約三百五十人が詰めかけた会場は、大きな拍手に包まれたという。

中山は同じころ、アラブ首長国連邦（UAE）で開催された国際再生可能エネルギー機関（IRENA）の第五回総会に出席し、宮沢洋一経済産業大臣と、共同議長を務めていた。中山は首相がイスラエル入りする前日にエルサレム入りし、安倍首相夫妻を空港で出迎えた。

安倍は十九日、第二次世界大戦でユダヤ人がナチス・ドイツに虐殺されたホロコーストの記録を収めた国立博物館「ヤド・ヴァシェム」を訪れ、「記憶のホール」で献花を行った。「特定の民族を差別し、憎悪の対象とすることが、人間をどれほど残酷なものにしてしまうのかを学ぶことができました。昨年三月、アムステルダムにアンネ・フランクの家を訪ねましたが、本日は決意を新たにいたしました。ハショア・レオラム・ロー・オッド（ホロコーストを二度と繰り返してはならぬ)。……ヤド・ヴァシェムに灯る『永劫の火』を導きのともしびとして、差別と戦争のない世界、人権の守られる世界の実現に向け、働き続けなければなりません。日本としても世界の平和と安定に、より積極的に貢献する決意です」

中山はこれまでユダヤ民族がなめてきた辛酸な歴史を思い、その軌跡を伝える場に日本の首相夫妻が参列していることに胸が熱くなるのを感じていた。

しかし、事態は一転する。

テロリストとの非交渉方針

日本政府の方針は、あくまでテロリストと交渉しない、身代金要求のテロには屈しないという姿勢だった。

安倍首相は動画公開後にエルサレムで行われた内外記者会見で、「このように人命を盾に取って脅迫することは、許し難いテロ行為であり、強い憤りを覚えます。二人の日本人に危害を加えないよう、そして、ただちに解放するよう、強く要求します。政府全体として、人命尊重の観点から、対応に万全を期すよう指示したところです。今後も、国際社会と連携し、地域の平和と安定のために、一層貢献していきます。この方針は、揺るぎない方針であり、この方針を変えることはありません」とした後、「これから、同行中の中山外務副大臣を、ヨルダンに急きょ派遣して、ヨルダン政府との連携・情報収集に当たらせます。また、現地に残り、現地対策本部の責任者として、対応に当たらせます」と述べた。そして「卑劣なテロは、いかなる理由でも許されない。断固として非難します。そして日本は、国際社会と手を携えてまいります」としたうえで、「国際社会への重大な脅威となっている過激主義に対し、イスラム社会は、テロとの闘いを続けています」と強調。二億ドルの支援表明について、「地域で家をなくしたり、避難民となっている人たちを救うため、食料や医療サービスを提供するための人道支援です。まさに、避難民の方々にとって、最も必要とされている支援であると考えます」とし、「日本は今後とも、非軍事分野で積極的に支援を行う」という姿勢を示した。

一方、中山は記者会見には同席せず、民間航空機でヨルダン・アンマンへと向かった。機中、首相の記者会見の原稿案に目を落とした。

「本部長を仰せつかって、緊張するというよりも目の前のものに対処していくだけだ。政治家はある意味、料理人だと思っている。出てきた材料に自分の最高の腕で対処するからだ」と中山は語る。

菅義偉官房長官は二十一日午前の記者会見で、拉致された日本人が湯川遥菜さんと後藤健二さんとみられることを明らかにする。湯川さんは二〇一四（平成二十六）年八月ごろ、シリアで行方不明になっていた。後藤さんは十月末に、同様にシリアで消息を絶っていた。在シリア大使館は、シリアの治安の悪化から二〇一二（平成二十四）年、隣国ヨルダンに退避しており、湯川さんの行方不明をうけ、在シリア臨時代理大使をトップとする対策本部が設けられていた。この本部が現地対策本部に格上げされた。中山は、現地対策本部長として、近隣の大使館などから駆けつけた職員らと情報収集にあたることになった。

現地対策本部に導入したシフト制

中山の最初のミッションは、在ヨルダン日本大使館内に設けられた現地対策本部に向かう前に王宮府に出向き、ハッサン・王宮府国王室長と会うことだった。親日家のアブドラ国王はすでに安倍首相との電話会談で日本人解放にむけ全面的に協力することを約束してくれていた。翌二十一日には、中山自身が再び王宮府に出向き、アブドラ国王と改めて会談する。日本政府は海外のテロリストによる日本人拉致という、かつてない事態にさらされていた。

外務省は、「日本からのメッセージ」として、「今般の安倍総理の中東訪問は、中東地域の安定に日本として積極的に貢献することを発信するためのものであり、日本が発表した二億ドルの支援は、人道支援やインフラ整備などの非軍事分野での支援です。いずれにしても、我が国としてテロに屈することなく、国際社会によるテロとの闘いに貢献していくとの我が国の立場に変わりはありません」と英語と日本語で発信し、二億ドル（当時の報道で二百三十億円余）が直接的な対テロ軍事行動の支援ではないことを訴えていた。

現地対策本部は二十四時間体制だった。ＩＳが提示したデッドラインがくる。日本との時差もある。何が起こってもおかしくない。そこで、中山が現地対策本部に提案したのはシフト制だった。本部長の中山が詰めている間は部下は帰りにくい。身体を休めなければ集中力も途切れ、任務に影響してしまう。

「君たちはアルバイトしたことがあるだろう。勤務のシフト表を作りなさい。家族も心配しているだろうから帰れるときには帰って身体を休めなさい」

中山はこう指示した。表には自身の枠も作った。中山の代わりはいないが、体制を明確化するためだった。

数十人が現地対策本部にいたが、対策本部の隣の部屋に用意されたベッドは二つだけだった。職員から中山は何度もその一つで休むように勧められたが、使わなかった。

「もし、私が一度ベッドを使ってしまうと、そのベッドは副大臣の私がいつでも身体を休められるようにと職員は遠慮してしまう」

中山はどんなに勧められてもベッドを使わず、仮眠時には椅子を並べて身体を休めた。

諜報活動で流れた血

現地対策本部には、警察庁のＴＲＴ－２（国際テロリズム緊急展開班）も派遣された。中山は、警察庁がこれまで築いてきた治安・情報機関との関係に影響を与えないように配慮したうえで情報収集にあたった。

そして、ヨルダン総合情報部（ＧＩＤ）で衝撃的な事実を知らされる。

「拉致された日本人の行方を捜すミッション中、情報員の血が流れた」。

アブドラ国王は、日本人の拉致に対して「日本人人質が無事解放されるよう、可能な限りの情報を集める等、あらゆる協力を行う用意がある」と全面協力を表明していた。

「他国の国民のために、血を流して情報収集にあたった。なぜ、ここまでヨルダンが日本人のためにしてくれたのか。アブドラ国王陛下が、日本とヨルダンは親子兄弟姉妹家族。

我々の血は日本人の血であり、日本人の血は我々の血だ、とまで言ってＧＩＤに、自国民と同様に対応するように命令してくださったからだ。逆の立場で、同様のことが日本にできるかどうか。ありがとうという気持ちと申し訳ないという気持ちでいっぱいになりました」

課報活動では言葉通り、本当の血が流れることがある。それだけ犠牲を払わなければ得られないのがインテリジェンス（情報）だ。

事態はさらに動く。

ＩＳが最初の動画で突き付けた「七十二時間」の刻限を一日半近く過ぎた二十四日、ＩＳは湯川さんを殺害したとする動画を公開した。

その映像で、後藤さんは湯川さんとみられる遺体が写った写真が貼られた紙を手にし、「（ＩＳは）もう金を欲しがっていない」としたうえで、その代わりとして、ヨルダンでテロ実行犯として収監されていたサジダ・アル・リシャウィ死刑囚の解放を要求した。

「改めて、いかに私の命を救うことが簡単か強調したい。これが私の最期の言葉とならないようにしてほしい。安倍（首相）に私を殺させてはならない」

後藤さんは要求が実現しない場合、自身が殺害される可能性を示した。

アブドラ国王は厳しい立場におかれた。国の英雄的存在でもあるパイロットのモアズ・カサスベ中尉もＩＳのとらわれの身になっており、カサスベ中尉解放の切り札でもあった死刑囚が、日本人の解放との天秤にかけられることになってしまった。カサスベ中尉の救出ですら、針の穴を通すほどの難しい対応を迫られているところに、日本人の人質解放が加わることになる。後にわかることだが実際は、カサスベ中尉は一月時点でＩＳに殺害されていた。

中山はヨルダン政府の立場をおもんばかった。詰めかけていた記者団に対して「パイロットの救出も我々のテーマだ。二人が無事に戻ってくれるよう、ヨルダンと日本の両国で力を合わせて取り組む」と語った。

「ヨルダン政府は死刑囚を解放する用意がある」と現地メディアで報じられるなど、情報は錯綜していた。

二十七日には、後藤さんがカサスベ中尉とみられる顔写真を手にして、「残された時間は二十四時間」と語る映像も公開された。

茜色の夕日

中山は現地対策本部で泊まりこみか、ホテルにシャワーを浴びるために戻ってもすぐに呼び出されるという状態が続いていた。中山は官邸に設けられている官邸対策室、外務省の緊急対策本部と緊密に連絡をとるように指示。何かあってからではなく事態が緊迫しているときは十分おきに、動きがないときには一時間おきにホットラインで確かめた。

一月三十一日夕方。大使館の洗面所に通じる渡り廊下から窓に目をやると、日が落ちる寸前の茜色に輝く空があまりにも美しく、中山は思わず一瞬、見とれてしまった。ただ、その美しさからなぜか不吉な予感がしたという。

「当たらなければよいのだが……」

しかし、願いはかなわない。

二月一日、事件は最悪の事態を迎えた。後藤さんが殺害されたとみられる動画が公開された。ひざまずかされた後藤さんの横には、ナイフを持った黒ずくめの男が立っていた。

「日本政府に告ぐ。日本は邪悪な有志連合に参加した愚かな同盟国と同様に、我々がアラーの神の下、権威と力を持ったイスラムのカリフ国家であることを理解しなかった。我々の軍はお前たちの血に飢えている。安倍（首相）よ。勝てない戦争に参加した無謀な決断によって、このナイフは健二を殺すだけでなく、今後、あなたの国民はどこにいたとしても殺されることになる。日本にとっての悪夢を始めよう」

男は、そう英語で語った後、後藤さんの背後に回り、目をつぶった後藤さんの首にナイフを突きつける。画面が切り替わり、遺体とみられる静止画が映し出された。

カサスベ中尉の死と手渡した勝運のお守り

二月四日（現地時間三日）。イスラム国（ＩＳ）はカサスベ中尉殺害の動画を公開した。

映像は、カサスベ中尉が対ＩＳの連合軍の空爆について、戦闘機の機種や作戦内容を説明するシーンの後、空爆で焼け死んだ人の映像がオーバラップ。ヨルダン軍の他のパイロットの氏名と写真、自宅の衛星写真などが映し出され、「十字軍のパイロットを殺害すれば報奨金を出す」と殺害を呼びかけた。カサスベ中尉がこれまでに行った攻撃について答えるインタビューシーン、そして最後は、屋外の檻に拘束されたカサスベ中尉にガソリンのようなものがかけられる。火が放たれ、火だるまに。黒焦げになった遺体は檻ごと重機で埋められてしまうという残虐きわまりないものだった。

この動画はアブドラ国王が訪米中に公開された。国王は急遽、訪米の日程を切り上げて帰国した。

中山はヨルダン政府当局から携帯に連絡を受ける。「四十分以内に国王に会いに来てほしい」。中山はヨルダンの軍事基地へと向かった。現地対策本部長としてヨルダンに入り二度目の国王との会談だった。

ヨルダンのテレビ局が冒頭撮影した後、国王は「英語で話さないか」と中山の目を見つめた。

「どうぞ」

「今朝、正式なイスラム法にのっとって二人のテロリストを処刑した」

中山は息をのみ、ただ深くうなずいた。

「我々は今から、イスラム国との戦争に行く」

国王はこう言い切った。触れんばかりに近い国王の膝頭を通じて、国王の中にふつふつと煮えたぎるマグマのような憤りが伝わった。

中山は、自分の背広の内ポケットに入れていたお守りをゆっくり取り出した。

「戦争に行かれるのなら必ず勝ってください。僕がいつも、勝負のときに身につけている将軍のお守りを献上したいのですが……」

同席していたヨルダン、日本の外務省の幹部らは息をのんだ。

中山が差し出したお守りは、徳川家の菩提寺である増上寺（東京）の黒本尊のお守りだった。黒地に葵の御紋に「勝運」という文字が刺繍されている。

ヨルダンのアブドラ国王と会談する中山
（提供　AP/アフロ）

「ＳＨＯＧＵＮ（ショウグン）？　徳川のものか」と国王。

「その通りです」

「このラッキーチャーム（お守り）で、私は（ＩＳとの）戦争に必ず勝つ！」

国王の言葉に同席していたナーセル・ジュデ外務大臣の目から、ハラハラとダイヤモンドのような大粒の涙がこぼれるのが中山の席から見えた。男泣きだった。

国王がスクッと立ち上がり、前面の壁にあった扉を開くと、迷彩服を身にまとった統合幕僚幹部らが控えていた。

「見ろ。中山外務副大臣からいただいたＳＨＯＧＵＮのラッキーチャームだ。我々は、（ＩＳとの）戦いに必ず勝つ！」

「ウォー」

国王の言葉に、参謀らの鬨《とき》の声と拍手が部屋中に響き渡った。


官僚であれば、仏教寺院のお守りを一神教であるイスラム教徒の国王に渡すという行為は許されなかっただろうし、思いもつかなかっただろう。

政治家にとって選挙はある意味で「戦」だ。落選すれば、政治家ではなくなるという意味で、中山も、「戦」に臨む思いで「勝運お守り」をいつも背広の胸ポケットに入れて選挙に臨んできた。その思いが国王に通じたのだろう。計画してとれる行動ではなかった。

イスラム教の国王がどう対応されるのか、同席していた官僚らは固唾をのんだに違いない。下手をすれば外交問題にもなりかねない。しかし、国王が自ら「徳川のものか」と尋ね、受け入れてくれたことに緊迫した空気が緩み、ジュデ外務大臣の大粒の涙につながった。

利用されたカサスベ中尉の死

カサスベ中尉の殺害動画が公開されたのは現地時間二月三日だったが、実際は中尉が殺害されたのはそれより一カ月前の一月三日だったことが明らかになった。中尉は前年の十二月二十四日、シリア北部・ラッカでＩＳへの軍事作戦中に戦闘機のエンジン不調から墜落、拘束された。十日というわずかな期間で、殺害されたことを意味する。

いずれにしてもＩＳは、後藤さんらの解放の条件だった二億ドルの身代金を、リシャウィ死刑囚の解放にすり替え、ヨルダン、日本政府両国を翻弄した。

「ＩＳは最初から交渉するつもりはなかった。日本とヨルダンを天秤にかけ、国民の反感を巻き起こし、ヨルダン政府、国王の指導基盤の弱体化を狙っていた」と中山は指摘する。

ＩＳが作った動画は、ハリウッド映画レベルの凝った映像で、ゲームソフトをたたき台にして作られていた。カメラは複数で撮影、効果音にニュース映像、イメージ画像などをはさみ込み、時間もコストもかけていた。それを、親米のアブドラ国王が訪米中というタイミングにぶつけた。

実際、カサスベ中尉殺害の動画公開後、ヨルダン国内では政府への批判が高まっていた。ヨルダン政府は、ただちにリシャウィ死刑囚ともう一人の死刑執行と、カサスベ中尉拘束で中断していたＩＳへの攻撃を再開、連日の空爆に踏み切った。アブドラ国王は中山に伝えた通り「ＩＳとの戦争」に着手した。

ＩＳはこれまでのテロ組織と大きな違いがある。そもそも「イスラム国」とは、公安調査庁の「国際テロリズム要覧２０２０」によると、「イラク・レバントのイスラム国（ＩＳＩＬ＝The Islamic State of Iraq and the Levant)。イラク及びシリアを拠点に活動するスンニ派過激組織。『カリフ国家』を自称。両国政府やシーア派などスンニ派以外の宗派、他宗教の住民などを標的としたテロを実行」と定義されている。

９・11の米中枢同時テロを起こした国際テロ組織アルカーイダと違って、インターネットを存分に活用した新しい形のテロリストだ。アルカーイダは米国・ニューヨークのワールドトレードセンターにハイジャックした航空機を体当たりさせて崩壊させ、世界を恐怖に陥れた。ＩＳは従来型の直接攻撃や自爆テロと共に、インターネットで残虐な処刑シーンを流し、テロの語源ともなっている恐怖（テロル）を世界にまき散らした。その効力を最大限生かして、ヨルダンや日本に混乱を与え、揺さぶりをかけてきた。恐怖を見せつけ、世界各国でＩＳのリクルートにも活用した。

「フェイクニュースも多く、実際に起きていた現実と、メディアの報道はずいぶん違っていた」と中山は指摘する。

結末と検証

二月六日。中山は十七日間にわたる現地対策本部長の任を終えて帰国した。日本人殺害という痛ましい結果に終わったが、日本が抱えていたテロ対策の問題点をあぶりだすことにもなった。

日本政府はテロへの危機対応についての検証委員会を立ち上げ、二〇一五（平成二十七）年五月二十一日付で検証報告書を出した。

いくつか抜粋する。

まず、現地対策本部をシリアの隣国であるトルコではなく、ヨルダンにおいた点だ。この点について、検証報告は、「在ヨルダン大使館内にある在シリア大使館臨時事務所が、八月の湯川氏行方不明発覚後現地対策本部を設置して常時フォローしていたこと、ヨルダンは地域の情報集約地であること、時間的制約があるなかでヨルダン政府から緊密な協力を得られた」ということをあげ、「適切」とした。

現地対策本部がトルコではなかったことについて、中山自身も当初、疑問に思ったという。客観的に見てトルコは歴史的にも親日で知られる。一八九〇（明治二十三）年、和歌山県沖で遭難したトルコの軍艦エルトゥールル号の乗組員を住民が救助した。一九八五（昭和六十）年には、イラン・イラク戦争で攻撃が迫るイランの首都テヘランで取り残された日本人約二百人のためにトルコが救援機を出し、救出した。

そうした事情に加え、トルコにはハイレベルの諜報機関である「国家情報機関（ＭＩＴ）」が存在する。しかし一方で、トルコは前年の二〇一四年六月、イラク北部で領事館をＩＳに襲撃され、領事館員ら外交官、その家族ら四十九人がＩＳにとらわれた。その三カ月後の九月、全員の解放を実現させていた。この際、「トルコがＩＳに身代金を払い戦闘員を帰還させた」「ＩＳに武器や医薬品を供与している」という現地報道などもあり、日本が現地対策本部をトルコにおくことは難しかったとみられる。

情報収集・分析は十分だったか。

報告書は「中東地域においては、有力な部族長や宗教指導者等の有する影響力、人的ネットワークは非常に重要だ。平素からこれら人物との関係構築に努めることが肝要であり、そのための必要な体制の構築を検討すべき」としており、「日本政府がどのように情報収集したかその片鱗がうかがえる」としたうえで、「ヨルダン、トルコ及び画像・音声分析に係る高い技術を有する西側関係国から、平素から構築してある在外公館を通じた情報入手の経路等を通じて治安・情報機関の最も高いレベルからの情報提供を含め、質及び量とも高いレベルでの情報提供があった」と指摘した。

「有識者との議論における指摘及び課題」の項目では、「従前に比べて警察庁と外務省の連携が進んでいることは心強く、今回連携が円滑だった背景として、動画の公開直後から中山外務副大臣が現地対策本部長を務めたという要素が大きいと思うが、そのような事情がなくとも現地で関係省庁が緊密に連携するよう努めるべき」と言及した。

中山の努力が報告書で認められた形だ。

インテリジェンスがいかに重要か。

そこで見えてきたのは、情報が極めて属人的だということだった。組織だけでは入手できない。機微に触れる情報であればあるほど、誰なら提供するかということになってくる。

報告書は総括で、「有識者から」としたうえで「お二人の命を救うことができなかったものの、今回の事件は救出が極めて困難なケースであり、その中で政府による判断や措置に人質の救出の可能性を損ねるような誤りがあったとは言えないとの全般的評価が示された」とした。そして、「悲劇を繰り返さぬよう、検証を通じて得られた教訓を活かして引き続き政府の施策や対応の改善に取り組む必要がある」と結論づけた。ヨルダンにある現地対策本部で実際に行えることは限られており、できる限りのことはしたという評価だった。

開けたインテリジェンスレイヤー

日本政府は「テロリストと交渉をしない」という立場にあり、当事者能力はなかったに等しいというのが現実だった。そんな環境下で、中山は自分自身の人脈を駆使した。

こんなことがあった。日本大使館には様々な情報が寄せられた。明らかにフェイクと思われる情報があふれる中で極めて信頼性が高いとみられるものがあった。戦闘中のＩＳの兵士にヨルダンから国境を渡り食料を届けていたという男からの「拘束された日本人らしき人物を見た」というものだった。さらに詳しい情報には対価を求めていた。男はシリア用、ヨルダン用と二つの携帯電話を持っていた。携帯電話番号から情報の真偽を見極めようとしたが、日本の捜査機関は海外の携帯電話ということもあって確かめることはできなかった。そこで、中山は個人的につながりがある中東の情報機関に頼ったが協力を得られない。別の人脈をたどり、情報の確認をしてもらった。最終的には、情報を寄せた男はしびれを切らして、連絡を絶ってしまった。

中山が思い知ったことは「命懸けでとってきた情報は協力を求めるだけでは得られない」ということだった。

「肉体を使い、費用もかけ、命をも賭けてとってきた情報を共有してほしいといっても金も出さない、血も流さない、そんな他国のために提供できるかということだ」

中山は帰国後、各国の大使館の情報官らから連絡を受けたり、海外の情報関係のシンポジウムのゲストスピーカーによばれるようになった。

「インテリジェンスコミュニティーの扉が開いたという感じだろうか。これまでもそうしたことにアンテナを張り、大きなテロではできる限り、現地を訪れるようにしてきた。なぜなら、現場を訪れなければわからないものがあるからだ。政治家としてこれまで外交、防衛といったレイヤー（層）があり、そこにインテリジェンスのレイヤーが加わったように思う」と話す。

第2章

サイバーセキュリティ

訪米中、ナカソネ・米サイバー軍司令官と面会する中山

防衛副大臣の中山泰秀が、数ある課題の中で重要としてあげたのがサイバーセキュリティと経済安全保障の問題だった。日本人を拉致し、殺害した過激派組織イスラム国（ＩＳ）が活用していたのもサイバー空間だった。

狙われたパイプライン

二〇二一（令和三）年五月、米南部から東部にかけて、九千キロ近い長さのパイプラインを操業しているコロニアル・パイプラインがサイバー攻撃を受け、ガソリンやディーゼルなどの供給停止の事態に追い込まれた事件は記憶に新しい。このサイバー攻撃でガソリン不足になり、多くのスタンドがガソリンの供給ができなくなり、経済や市民の日常生活に大きな影響をもたらした。米連邦捜査局（ＦＢＩ）は、ロシアのハッカー集団「ダークサイド」の犯行と特定。ランサムウェアとよばれる身代金要求型のウイルスで攻撃したとみられる。

米国の捜査当局は、背後に国家の関与はない「サイバー犯罪」とした。しかし、国境を超えてインフラを破壊するこうしたサイバー攻撃は「民」を攻撃しながら、同時に国のインフラを攻撃することになる。

陸、海、空、宇宙、そして第五の戦争領域がサイバーだ。ランサムウェアに業をにやしたバイデン米大統領は七月九日、ロシアのプーチン大統領との電話会談で、ロシア国内のサイバー攻撃者への対応を求め、対抗措置も辞さないことを伝えた。また、外国の悪意あるサイバー攻撃に関する情報提供に一千万ドルの報奨金を出すとした。

サイバー犯罪、サイバー攻撃、サイバーエスピオナージ（スパイ活動）、サイバーテロリズム。中国と北朝鮮と日本、米国とロシア、イスラエルとアラブ諸国。現実の地政学的な関係がサイバー世界にも反映されている。

増える攻撃

総務省の資料などに基づき、昨今のサイバー攻撃の事例を紹介する。

二〇一五（平成二十七）年六月、日本年金機構の職員が利用する端末がマルウェアに感染し、年金加入者の情報百二十五万件が流出したと公表された。同年十一月には、東京五輪組織委員会のホームページがＤＤｏＳ攻撃（ウェブサーバやウェブサイトに負荷をかけて対応しきれなくさせる攻撃）を受け、サイトの閲覧が不可能になった。二〇一七（平成二十九）年五月には、「ＷａｎｎａＣｒｙ」（英語で「泣きたくなる」）とよばれる身代金型ウイルスで国内の企業、行政、病院だけではなく、海外も含めてシステム停止などの被害が広がった。

二〇一八（平成三十）年一月、コインチェック社の暗号資産（仮想通貨）が不正アクセスで外部に送金された。二〇二〇（令和二）年には、三菱電機やNECが、不正アクセスを受け、防衛関連情報が外部流出した可能性が判明。ドコモ口座経由で口座情報や暗証番号が流出し、不正出金されていたことがわかった。

新型コロナウイルス感染拡大に伴い、テレワークやオンライン化、デジタル・トランスフォーメーション（DX）が進む中、サイバー攻撃の数は世界的に増加の一方だ。

サイバー戦争の実例

『サイバー戦争論　ナショナルセキュリティの現在』（伊東寛著、原書房）、「サイバー攻撃の実態と防衛」（21世紀政策研究所）からも紹介する。

バルト三国の一つ、エストニアはデジタル先進国だが、二〇〇七（平成十九）年四月、ネットワークに大量のトラフィックが流れ、銀行や新聞、政府機関などのシステムが機能麻痺する事態が起きた。いわゆるDDoS攻撃を受けたわけだが犯人はわかっていない。

きっかけとみられるのは攻撃の前日にエストニアの首都タリン中心部にあった第二次世

界大戦を戦った旧ソ連軍兵士の像が撤去されたことだ。これに反発するロシア系住民と警察との間で衝突が起き、サイバー攻撃は三週間ほど続いた。

DDoS攻撃は、二〇〇九（平成二十一）年には米韓に対して同時に、二〇一〇（平成二十二）年には尖閣諸島に関連して日本にも行われた。

サイバーを組み込んだ「ハイブリッド」攻撃は現実のものになっている。

二〇〇七年九月。イスラエル空軍によるシリア空爆で、北朝鮮の協力によるものと思われる核施設の開発が進められていた地点が爆破された。シリアは防空システムでイスラエル空軍機を探知できなかった。イスラエル空軍は当時、ステルスを保有しておらず、F－15とF－16で空爆した。イスラエルは英BAEシステムズ社が開発した航空ネットワーク攻撃・欺瞞システム（SUTER）のようなものを使用したとみられている。

このSUTERは、無人航空機に組み込まれ、目標に接近して相手側の無線通信ネットワークに侵入し、航空機の飛来を見えなくさせたり、偽の目標を設定させて、攪乱することができる。

二〇〇八（平成二十）年八月、ジョージア（旧グルジア）の南オセチア自治州の親ロシア派による分離独立に関連して、ロシアとジョージアとの間で、戦争が起きた。ロシア軍の戦闘行動に伴い、ジョージア大統領府、議会、国防省、メディアなどにＤＤｏＳ攻撃が加えられ、このときロシアとジョージア両国のハッカーの間で「サイバー戦争」が起きた。ハッカーは軍人ではなく、民間ハッカーが愛国心に燃え、サイバー攻撃で戦争に加担したという。

二〇一〇年六月には、スタクスネット（Stuxnet）というマルウェアが確認された。インターネットに接続されていない産業用のクローズドなシステムがＵＳＢメモリーを介して感染、発症する。このマルウェアのすごいところは、ウイルスに感染してもＯＳの基本機能を書き換えて特定のファイルを表示しないようになっている点だ。ドイツ・シーメンス社製の工場用制御システムであれば攻撃するという高度なウイルスで、イランの核開発のシステムが攻撃され、ダメージを受けたとされる。

二〇一四（平成二十六）年、ロシアがウクライナ領クリミア半島を併合。この際、武力紛争の陰で、ハッカーたちによる見えない戦争が行われた。ウクライナ軍の無線通信を電波妨害で遮断してサイバー封鎖を行い、携帯電話を使わなければならなくして、ウクライナ軍兵士に虚偽指令をメールで送信して誘導、火砲などの攻撃と連動させていた。

日本のサイバーセキュリティ対策

二〇一四年十一月にサイバーセキュリティ基本法が成立、二〇一五年一月に内閣府にサイバーセキュリティ戦略本部が立ち上がった。同時に、内閣官房にＮＩＳＣ（National center of Incident readiness and Strategy for Cybersecurity）が設置される。日本年金機構の年金情報流出問題をきっかけにサイバーセキュリティ戦略を改定、同年九月に閣議決定される。

同センターに設けられた、政府関係機関情報セキュリティ横断監視・即応調整チーム（ＧＳＯＣ）は中央省庁のシステムとネットワークの監視だけではなく、最初は監視範囲に入っていなかった特殊法人（日本年金機構は特殊法人）や独立行政法人にも対象を拡大、サイバー攻撃を監視している。

防衛省は二〇一四年三月、自衛隊指揮通信システム隊のもと、共同の部隊としてサイバー防衛隊を設置、情報通信ネットワークの監視とサイバー攻撃に対応。陸上自衛隊はシステム防護隊、海上自衛隊は保全監査隊、航空自衛隊はシステム監査隊として、各システム防護部隊がそれぞれの情報システムを監視・防護している。

米国との間では、日米サイバー防衛政策ワーキンググループ（CDPWG＝Cyber Defense Policy Working Group）を設置、情報共有や共同訓練を実施し、オーストラリア、英国、エストニアとの間でも、防衛当局同士でサイバー協議を行っている。

二〇二一年四月には、北大西洋条約機構（NATO）のサイバー防衛協力センター（CCDCOE、エストニア）が実施した大規模演習「ロックド・シールズ2021」に自衛隊が参加した。これまではオブザーバー参加であり、本格的な参加は初になる。

サイバー部隊の人員の拡充もはかっており、同年時点で二百九十人体制。年収最高二千万円のサイバー・セキュリティの幹部ポストを民間から募り、サイバー能力のアップをはかった。

狙われる海底ケーブル

ウイルス、マルウェアだけがサイバー攻撃の手段ではない。データセンターや海底ケーブルを物理的に破壊して攻撃されることや、ケーブルから情報が盗まれるリスクもある。

『暴露の世紀　国家を揺るがすサイバーテロリズム』（土屋大洋著、角川新書）によると、米国が海底ケーブルの通信を傍受していることを二〇〇五（平成十七）年、米紙ニューヨークタイムズが報じ、当時のジョージ・W・ブッシュ大統領が事実関係を認めた。二〇〇一（平成十三）年の米中枢同時テロの後、米国家安全保障局（ＮＳＡ）が大統領令によって、令状なしで米国市民の通信の傍受を行った。このことに幻滅したのが米中央情報局（ＣＩＡ）元局員、エドワード・スノーデンだ。スノーデンは、米政府が個人情報を違法に収集していた実態を告発し、世界を震撼させた。

二〇〇五年十月二十五日付のニューヨークタイムズ紙や米ＣＮＮは、ロシアの潜水艦と工作船が米国の重要な海底ケーブル付近で活動していることを報じた。ケーブルは津波や地震などの自然災害や、船の錨などで物理的に切断され、通信に影響を及ぼすことがあるが、人為的な攻撃の一つとしてケーブルを切断することでインフラに影響を及ぼすことができる。情報収集の懸念もある。

海底ケーブルの長さは世界全体で延べ約百二十万キロ、地球三十周にも及ぶという。国際通信の九十九％が海底ケーブルを通じて行われている。

日本でも二〇一六（平成二十八）年、ＫＤＤＩが中心になって、太平洋横断海底ケーブルＦＡＳＴＥＲが敷設、運用された。千葉県の千倉と三重県の志摩の両方でケーブルが陸揚げされている。

土屋は著書で、「海底ケーブルを失うことは情報を失うことであり、グローバル社会から孤立することになる。まさしく重要インフラだが、ほとんどの国で海底ケーブルを保有しているのは政府ではなく、民間の事業者で、民間の所有物を平時から軍隊が守るわけにはいかない」として、情報インフラの脆弱性を指摘する。

中山は二〇二〇（令和二）年一月のある夜、千葉県の別のケーブルの基地局をセキュリティ状況を調べるために訪れた。その日は大雨で人っ子一人いない。裏口も含めて簡単に近づくことができた。監視カメラは設置されていたが、四十分ほど施設周辺を見て回るという防犯上怪しく見える動きをしても、誰にもとがめられなかったという。原子力発電所などの重要インフラではありえないことだ。

中山は「ここを攻撃されると、日本のインターネット通信がアウトになり、経済的、社会的な混乱が起きる。原子力発電所をテロから守れというのであれば、この情報インフラも同じではないのか。何かあって警察が駆けつけるにしても、時間がかかる。基地局周辺の土地を買収し、地下から侵入するという方法もある。日本はインフラストラクチュアを守る思想が欠けている。糸電話にたとえるなら糸も守れということだ」と警鐘を鳴らす。

北方領土に情報インフラを敷設するロシア

極東のサハリン（樺太）と北方領土を結ぶ光回線敷設事業が二〇一八年、行われた。サハリンのユジノサハリンスク（豊原）から択捉島の紗那《しゃな》（ロシア名クリリスク）、国後島の古釜布《ふるかまっぷ》（同ユジノクリリスク）、色丹島の穴澗《あなま》（同クラボザボック）を結ぶ全長八百三十一キロメートル（海底部分七百六十五キロメートル）。予算は三十三億ルーブル（約六十五億円）。ロシア政府系通信大手「ロステレコム」社が受注、敷設した下請け企業は、中国の通信大手「華為技術（ファーウェイ）」であった。

産経新聞によると、ロシアの水路当局から日本の海上保安庁にオホーツク海南部で同年六月十日から十一月十五日の期間に海底線敷設作業を実施すると通報があった。海保から報告を受けた外務省は「大規模なインフラ開発は、北方領土に関する日本の立場と相いれずに遺憾」とロシア側に抗議したという。

ロシアの情報インフラを使った戦略はこれだけではない。

米ＣＮＮやニューズウィークなどによると、二〇一七年、ロシア国営企業「トランステレコム」が北朝鮮とインターネット接続サービスの契約を結んだことを、米ジョンズホプキンス大学の北朝鮮分析サイトの「38ノース」が伝えた。米中との関係が悪化する中、インターネットを米国に切られてしまう恐れがあると懸念した北朝鮮は、鉱物や油などを輸出してもらっていたロシアと、情報分野でも手を結んだ。これまでは情報については、中国国有通信大手の中国聯合網絡通信（チャイナユニコム）一社だった。

北朝鮮において中国・ロシアと情報の二系統が確保されたことになった。米国のサイバー攻撃を防御するためや、北朝鮮のサイバー部隊の増強のためとも報じられている。

中山は「ロシアが二〇一四年、クリミア半島を併合したとき、初動で攻め入る相手の通信を遮断するサイバー封鎖を行った。サイバーを使ったハイブリッド戦争は既に行われている。日本国憲法が制定された時代は、インターネットがなかった。専守防衛では、サイバーで情報インフラが攻撃を受けたときに反撃できなくなってしまう」と懸念を表明する。

中山からの提言

サイバー攻撃への対応について、中山はかつて自民党・国防部会部会長で幹部会のメンバーとして、サイバー反撃能力の保有を政府に提言している。二〇二一（令和三）年八月には、米国フォートミードの米サイバー軍本部を訪れ、同軍トップのナカソネ司令官と会談するなどサイバーに関する議論の旗振り役でもある中山に、サイバーセキュリティについて語ってもらった。

ミクロとマクロ

サイバーセキュリティについて一般の人に尋ねると、どんな反応があるでしょうか。大抵、コンピューターウイルス対策ソフトを入れてしっかりやっています、という答えが返ってきます。ただ、あくまでそれは自分のパソコンのことです。会社でも社員一人一人のパソコンにアンチウイルスソフトを入れて対策したとなりますが、個々のパソコンはLANでつながっており、オフィスフロアでは共有のプリンターを使っていることも多い。私がハッカーならパソコンではなくプリンターを狙うでしょう。

ハッキングの方法はいろいろあります。例えば、「悪魔の双子攻撃」。正規のアクセスポイントだと見せかけて、接続してきたコンピューターの通信内容を盗む行為を指します。無線LANのホットスポットなどではリスクが高いと認識されていますが、例えばパスワードがかかっているオフィスなどでも、強い電波を発して偽のアクセスポイントに誘導して、接続したコンピューターのIDやパスワードなどを盗みとることができるわけです。接続したコンピューターにキー入力された内容を取得するキーロガーやトロイの木馬（一見無害に見えるが、データを破壊するなど有害な動作を行う）をダウンロードさせることもあります。

物理的に、ネットのインフラストラクチュアをおさえてしまうという方法もあります。例えば、香港。英国と中国が一九八四（昭和五十九）年、英中共同声明で一九九七（平成九）年から五十年間の一国二制度を打ち出しましたが、中国はこの約束を守らず、香港は事実上、中国共産党に支配され、自治は既に奪われてしまいました。

アジアで見た場合、香港はネットのハブ。そこを中国共産党に物理的におさえられたことを意味します。これで、中国共産党がネットに流通している情報をとることが可能になりました。

また、サハリン（樺太）と北方領土を結ぶ光回線敷設事業も行われ、二〇一九（平成三十一）年一月からその運用が始まっています。

サイバーの世界はミクロとマクロ、ソフトインフラとハードインフラ、両論で見なければならないと思います。

自由民主主義社会VS管理統制共産主義社会

ネットは国境を越え、ボーダーレスです。とはいえ、ネットの世界にも、ロシア・中国連合と、米国の自由民主主義国家との間には、フォッサマグナ（大きな溝）が横たわっています。残念なことですが、潮流がどちらに向いているかというと、自由主義の国よりも、共産主義の中国のような国の方が、国家としてのハンドリングが効くのです。新型コロナウイルス対応でも強制手段で、市民に文句を言わさずにロックダウンができます。同様に、情報も国がコントロールしています。ウイルスの発信地となった武漢で、ドローンから撮影したロックダウンの映像が流れました。いかに、武漢がウイルス制圧のために努力しているかという映像でしたが、中国ではドローンを勝手に飛ばすと摘発されてしまいます。つまり、がんばっているという映像は中国政府のプロパガンダです。

昭和の時代は、民主主義対共産主義という二つのイデオロギーの対立でした。しかし、今、中国は、市民の自由を規制する独裁体制でありながら、経済については経済自由主義でカムフラージュしてハイブリッド化しています。そして、ハイブリッド化した中国に日本は国内総生産（ＧＤＰ）で抜かされ、二位から三位へと劣後しました。中国はいずれ米国をも抜くと予測されています。

マネーパワーで国に借金をさせ、返せない場合は物納させ、港湾などの重要インフラをおさえる。そういう国に経済競争で負けていることに、自由主義の国会議員としては残念でなりません。

宇宙領域からサイバーへ

第二次世界大戦では核競争が起きました。そして、第二次世界大戦後は宇宙競争です。月に旗を立て、国の威信をかけて米ソが技術力を競いました。

一九五〇年代に人工衛星を旧ソ連、米国が打ち上げます。この人工衛星情報が戦争で初めて使われたのが、ベトナム戦争（一九五五〜一九七五年）でした。ただ、このときは真横からは映像がとれなかったため、ベトナム軍は、攻撃の対象になる将軍に傘をかぶらせました。このため、米軍が、自宅の庭にいるからチャンスだと攻撃しても、傘をかぶっていたのは、本人ではなく影武者だったという話を聞きました。ベトナム軍は人工衛星の裏をかいたのです。今の時代は、地軸の傾きから人工衛星の向きを変えられ、カメラレンズの性能もよくなり、横顔までとれるようになったと聞いています。

北朝鮮のミサイルに関する早期警戒情報を米国から提供してもらうなどして、韓国と日本、米国で情報を精査しながら、二十四時間三百六十五日監視していますが、これも衛星がなければできません。HGV（極超音速滑空兵器＝Hypersonic Glide Vehicle）は弾道ミサイルなどで打ち上げられ、大気圏上空を飛翔して目標に高速でぶつかります。今の技術ではHGVの迎撃が難しくなってきているのが現実です。

地球に田んぼの苗のように人工衛星を配列する衛星コンステレーションで、ミサイルが飛んできても逐次分析判断、迎撃の可能性を見出さなければならない時代です。中国は人工衛星を飛ばしており、人工衛星を別の人工衛星がつぶす「キラー衛星」技術研究を行っています。

日本学術会議の議論もありますが、防衛省も大学研究機関と協力していかなければならない。防衛省内でも話し合っています。例えば、航空自衛隊の府中基地（東京都府中市）に宇宙作戦隊が設置されましたが、米国と協力してスペースデブリの監視を行うほか、デブリの除去のための技術開発でも民間と協力しています。

知恵とアイデアです。政治家としてクリエーション（創造力）も重要ですが、何よりイマジネーション（想像力）が必要だと思います。

サイバー憲法論議

日本政府は、二〇一八（平成三十）年末に中期防衛力整備計画（中期防）（二〇一九年度～二〇二三年度）の整備計画を閣議決定しました。サイバー戦や電磁波を使った電子戦など、新領域への対応を盛り込んでいます。自衛隊による「サイバー反撃能力の保有」として、「相手方によるサイバー空間の利用を妨げる能力を保持し得る」としています。

二〇一九年四月の日米安全保障協議委員会では、サイバー攻撃が日米安保条約第五条規定適用上の武力攻撃を構成し得ることが確認されています。つまり、発電所や鉄道、情報などの重要インフラが大規模なサイバー攻撃を受け、武力攻撃に相当すると判断できれば、米軍に防衛義務が生じます。抑止的な効果が期待できるでしょう。

護憲論的な議論であれば、サイバーといえど先制攻撃はダメということになりますが、実は、サイバー攻撃自体は既に受けています。攻撃する側は、ダメージを与えない程度に攻撃してどのような反応をするのか事前に見ているわけです。これで相手の備えがわかり、本番の攻撃戦略をたてるわけです。サイバー攻撃を平時と見るのか、有事と見るのか。切り分けは非常に難しいといえます。左翼的平和主義では対応できません。自衛隊のサイバー反撃能力の保有は、洋服の中はわからないが、鍛えている上腕二頭筋をチラリと見せることで、鍛えていることを知らせ、攻撃させない抑止力にもつながります。ネットのサイバー筋トレが必要です。

今、日本も含め民主主義国家に求められているのは、抑止力を高めることです。地政学的な意味でのデタランス（抑止）がキーワードです。そのために同盟国、協力国を増やしていくことが大切なのです。

第3章

経済安全保障

防衛副大臣室の中山

経済安全保障とは

米国のトランプ政権時代、米国と中国との経済対立の中で一気にクローズアップされた「経済安全保障」。その言葉が一体何を意味するのか。

経済安全保障とは、「国が国益のために経済的手段を使う」と、定義できる。自民党新国際秩序創造戦略本部は「国家安全保障戦略で定義された国益を経済面から確保すること」としている。

デジタル化時代において、経済安全保障は、技術に関する「情報」「知識」をどう管理するのかということを意味する。これらが流出した場合は民間の問題だけではなく、国としての損失になり、国家に害をもたらすことにもなりかねない。民生技術も転用されれば軍事兵器に変わることになる。以前は、軍で使った技術をダウングレードして民で利用する方向だったが、民間の技術革新、特に情報分野の革新は、その方向を逆にしている。

歴史を振り返れば、エネルギー資源の確保が世界の覇権争いの原因になっていた。二十世紀では、エネルギー資源といえば石油だった。燃料資源である石油を制するといわれた。二十世紀の二度の世界大戦もエネルギーを巡る確執が要因になってきた。現在はエネルギーだけではなく通信、医療、食料、金融、物流などが戦略的基盤になりうる。

「エコノミック・ステイトクラフト」という言葉がある。

「経済安全保障――概念の再定義と一貫した政策体系の構築に向けて」(中村直貴著、立法と調査四二八号、二〇二〇年十月)などによると、「一九八〇年代中頃、この概念は米国の政策概念として登場した。米国はそれ以降、産業の競争力強化と通商政策を主軸とした対外政策によって影響力を行使するようになり、我が国との間でも航空機や半導体にかかる深刻な貿易摩擦を生じさせてきた」とする。

米国は、膨大な人口による購買力を背景に経済力をつけて米国を席巻しようとしている中国を「戦略的競争相手」と位置付け、貿易、投資管理上の措置をとっている。特に、半導体などのハイテク分野で顕著だ。これが、クローズアップされたため、経済安全保障は半導体などの情報分野における技術の貿易戦争ととらえられることが多い。

中国の超限戦

中国の経済安全保障の動きは一九九九（平成十一）年に中国人民解放軍国防大学教授らが発表した「超限戦」に遡る。

「エコノミック・ステイトクラフト　経済安全保障の戦い」（日本経済新聞出版）で、著者の國分俊史は、「超限戦」についてわかりやすく分析している。

同書によると、「超限戦」はその具体例として、株価や為替の操作による経済活動の混乱、国内法の国際展開、政府首脳陣のスキャンダルによる信頼の失墜、日常生活に浸透した身の回りの製品を武器に変えさせる戦争行為の有効性を示していた。

さらに、「超限戦」は、米国について、湾岸戦争後、スーパーパワーとしてもはや巨大な大国間戦争がなくなったという状況認識の下、軍の活動域を作り出すために、災害対処やパンデミック対応などの「非戦争」の領域でも軍を活動させる「非戦争の軍事行動」という概念を打ち出したことを評価している。しかし、「『非戦争の軍事行動』だけでは思考の広がりに欠けており、軍事行動以外の行動も含めることを意味する『非軍事の戦争行動』を加えることで、全次元を網羅した戦争が構想できるとしている」と言及。「非軍事の戦争行動」については「軍事の戦争行動に比べ広範な意義を持ち、少なくともそれと肩を並べることができる作戦領域と方式は、アメリカ軍人の視野から排除された——この広大な領域こそ、まぎれもなく未来の軍人や政治家が想像力と創造力を発揮する空間なのだ」と、米国の視点の欠如について解説した。

さらに、「超限戦」は「非軍事の戦争行動」のもとでは、「足し算の発想で、戦争行動を組み合わせることが必要」と説いており、「敵国にまったく気づかれない状況下で、攻撃する側が大量の資金を秘密裏に集め、相手の金融市場を奇襲して、金融危機を起こした後、相手のコンピューターシステムに事前に潜ませておいたウイルスとハッカーの分隊が同時に敵のネットワークに攻撃を仕掛け、民間の電力網や交通管制網、金融取引ネット、電気通信網、マスメディア・ネットワークを全面的な麻痺状態に陥れ、社会の恐怖、街頭の混乱、政府の危機を誘発させる。そして最後に大軍が国境を乗り越え、軍事手段の運用を逐次エスカレートさせて、敵に城下の盟の調印を迫る」と紹介。

國分は、中国が一九九八年時点でここまで明言していたことを前提に、「現在の中国の行動をとらえると、中国が米国の発想を上回る有効な戦術を生み出すために、（非軍事の戦争行動を）着々と実践してきている」と指摘。これが米国の中国の軍事的意図への不信感を増幅させ、中国のエコノミック・ステイトクラフトに対して、米国も効果的なエコノミック・

ステイトクラフト体制を構築するべきという論調を強めさせた、と分析している。

米国の中国包囲網

トランプ米政権時代の二〇一八（平成三十）年十月、ペンス副大統領が行った演説は、中国との冷戦を宣言した「新冷戦」の幕開けと位置付けられている。米国政府は、中国のハイテク技術が米国の安全保障のリスクになるという立場をとっており、中国の通信機器最大手の華為技術（ファーウェイ）、中国通信大手のZTEを、政府調達から除外した。さらに、次世代通信において同盟国である日本、ドイツ、英国、カナダなどにも同様の措置を求めた。

対中強硬路線だったトランプ政権からバイデン政権へと移行し、中国に対する政策は、かつての民主党がそうであったように親中にシフトするのではないかという予測もあったが、対中に関してはトランプ政権の立場を継承している。バイデン政権は、中国が香港について反政府的な動きを取り締まる「香港国家安全維持法」を施行し、新疆《しんきょう》ウイグル自治区でウイグル族を収容所に拘束、強制労働や拷問などの人権侵害を行っていることを重く見ている。バイデン政権は、経済だけではなく人権でも中国を問題視しているのである。

二〇二一（令和三）年四月に行われた菅義偉首相とバイデン米大統領は首脳会談で「新

たな時代における日米グローバル・パートナーシップ」と題する共同声明を発表、インド太平洋地域及び世界の平和と繁栄に対する中国の行動の影響について意見交換、経済的なもの及び他の方法による威圧の行使を含む、ルールに基づく国際秩序に合致しない中国の行動についての懸念を共有した。台湾や尖閣諸島、人権にも言及して、名指しで中国を批判した形になっている。

日本政府の対応

日本も、経済安全保障の重要性を認識し、体制を整えてきている。

二〇二〇（令和二）年四月には国家安全保障会議（ＮＳＣ）の事務局である内閣官房国家安全保障局（ＮＳＳ）に経済班が正式に発足。経済産業省に省内を横断的に対応する経済安全保障室を新設した。同年五月には、米国で外国からの直接投資を審査する際の新たな法律「外国投資リスク審査現代化法」（ＦＩＲＲＭＡ）が成立したのに伴い、外為法において「日本経済の健全な発展に寄与する対内直接投資を一層促進するとともに、国の安全等を損なうおそれがある投資に適切に対応していくことを目的とし、事前届出免除制度を導入し、事前届出の対象を見直す等の改正」を行った。

同年十二月には、自民党新国際秩序創造戦略本部（座長・甘利明党税調会長）が、「日本自身が、戦略的基盤産業を強靭化し、長期的、持続的繁栄を確保するために、国際社会において不可欠な産業を強化する」ために「経済安全保障一括推進法」の成立を求める提言を発表した。

重点的に取り組むとした分野は多岐にわたる。

一　資源・エネルギーの確保
二　海洋開発
三　食料安全保障の強化
四　金融インフラの整備
五　情報通信インフラの整備
六　宇宙開発
七　サイバーセキュリティの強化
八　リアルデータの利活用推進
九　サプライチェーンの多元化・強靭化
十　我が国の技術優越の確保・維持

十一　イノベーション力の向上
十二　土地取引
十三　大規模感染症への対策
十四　インフラ輸出
十五　国際機関を通じたルール形成への関与
十六　経済インテリジェンス能力の強化

教育、文化の分野を除けば、大抵の分野を網羅しているといっても過言ではないだろう。

昭和史の中にあった日米の経済安全保障

経済安全保障の論議は、ここ数年のようにとらえられることが多いが、中山は「経済安全保障は昭和史の中に実はあった」と指摘する。

「第二次世界大戦で日本は原子爆弾を投下され、東京大空襲も含め焦土と化し、たくさんの命を失った。労働力の担い手である父親は戦争にとられてしまい、残された妻が「細うで繁盛記」でがんばった。復員してきた男たちは身を粉にして働き、それが高度成長につながり、日本は焦土から復帰することができた。その高度成長を作ったのが米国だった。高品質の代名詞となった『メイド・イン・ジャパン』のブランドを作りえたのは、連合国軍最高司令官総司令部（ＧＨＱ）の占領政策後、一ドル三百六十円の固定相場制となり、日米同盟のおかげで日本の後ろに米国がいたことが要因だった」

自由民主主義という共通の価値観を持っている日米が結んだ同盟が基軸になり、日本は安全保障に関わる問題は米国に依存して安心して経済成長、技術開発に邁進できた。そして、経済摩擦も生み出すほどまで成長を成し遂げた。こうした日米関係の強固な絆を温故知新したうえで経済安全保障を論議する必要があるというのが中山の持論だ。

しかし、安穏とした環境は、「平和ボケ」のぬるま湯状態を生み出し、日本からは、経済安全保障の概念が抜けおちた。

「経済安全保障が流行しているから、あわてて流行を身にまとおうとしているのが今の日本。本当に自分のものにしているのか。真の意味でのおしゃれさんにならなければ……」

中山はファッションにたとえて経済安全保障の重要性を訴える。

また、経済安全保障をめぐる「新冷戦」の概念については「新冷戦」というより「熱戦」だと定義する。核兵器を所有した米ソの「冷戦」時代から現代の「新冷戦」では本質を見誤ってしまう恐れがあり、対中国の場合はホットな「熱戦」という言葉がふさわしいという。

撤退する国内の軍事産業

機械大手の住友重機械工業が、陸上自衛隊に納入するために製作した試験用の五・五六ミリメートル機関銃に使われた部品の設計図が、中国に流出したことが二〇二一年五月、わかった。報道によると、陸自の二〇一九（平成三十一／令和元）年度の次世代機関銃の調達先の募集に伴い、自衛隊の要請を受けた住友重機は下請けをいくつか使って試験用機関銃を製作。その下請けが、大量生産のために中国の会社に部品の図面を渡したという。住友重機の内部監査で判明。同社は二〇二〇年、経産省と防衛省に報告した。下請けには武器の部品という認識がなく、機関銃の能力に直結するものではなかったことから、経産省は、本来は国の許可をとる必要があるのにとらなかったとして、海外との取引を管理する外為法などに基づき、二〇二一年四月二十八日付で、下請けと住友重機に対してそれぞれ厳重注意の行政指導を行った。この問題について、加藤勝信官房長官は五月二十日の記者会見で、「こうした事案が発生したことは、大変遺憾」とコメントしている。

ただ、住友重機は機関銃の売り上げ拡大が見込めないほか、生産設備の維持や技術者の育成が難しいなどとして、この事件と関係なく撤退を決めた。そもそも防衛装備分野の売り上げは全体の売り上げの〇・数％にすぎない。同社は「経営的な判断で機関銃からの撤退を決定した。機関砲の生産は従来通りやめないし、機関銃もメンテナンスなどは続ける」と話している。

下請けが中国に部品の設計図を渡してしまったことは管理体制の甘さだが、改めて認識されたのが防衛装備分野で相次ぐ国内メーカーの撤退だ。小松製作所も、陸自の軽装甲機動車（ＬＡＶ）の開発・製造から撤退してしまった。

安全保障の観点でいえば、防衛機器は日本の技術を使い、国内生産であることが求められる。部品からすべてを国内製にすることは、コスト高になってしまって非現実的だが、今ある装備産業を衰退させてしまうのは、安全保障上問題があるのは明白だ。セキュリティクリアランスは必要になるが市場の拡大も「経済安全保障」の問題の一つになる。

中山は「防衛予算は、毎年前年より伸びているが、防衛省の予算の四割強が人件費になる。悪化しているといわざるをえない安全保障環境の中、備えに憂いがあるのであれば備えを充実させて、憂いを払しょくしなければならない。防衛産業を守る、という基本を大事にする必要がある」と指摘する。

第４章

イスラエルと共に

イスラエルのネタニヤフ・前首相と会談する中山

中山家の歴史の中で、特筆すべきなのはイスラエルとの関係だろう。日本イスラエル友好議員連盟誕生の立役者は、父親の正暉だった。

当時、衆議院外務委員長だった正暉は、外務省の渡辺允《まこと》中近東アフリカ局長から「イスラエルのデビッド・キムヒ外務次官が日本を公式訪問するというのに、日本にはイスラエルとの友好議員連盟がない。アラブ諸国の友好議員連盟はあるというのにおかしいのではないか、と米国の議会からクレームがきている。どうにかならないだろうか」と相談を受けたという。

イスラエルと日本の国交は、サンフランシスコ講和条約が発効した一九五二（昭和二十七）年、開始した。当初は公使レベルだったが、一九六三（昭和三十八）年には両国関係は大使レベルへと昇格した。正暉は最初、与党議員に声をかけたが、石油などのエネルギーを中東に頼っている日本では、イスラエルとの関係を持つことに躊躇する議員がほとんどだった。ただ一人、二つ返事で議員連盟に参加すると賛同してくれたのは正暉の盟友である浜田幸一（故人）だったという。

正暉は野党も含めて声をかけ、一九八四（昭和五十九）年二月、設立にこぎつける。初代会長には、春日一幸（民社、故人）が就任、正暉は事務局長（後に会長）になり、スタートした。現在は中谷元・元防衛大臣が会長を務め、親イスラエルの議員は与党も野党も含め多くなったが、設立当初、日本におけるイスラエルに対する雰囲気は現在とは異なっていたことは想像に難くない。日本が、中東産油国にエネルギーを依存しているせいだけではない。パレスチナ難民問題を深く理解しないまま感情からイスラエルについて批判的な意見を持つ人は少なくなかった。

苦難の歴史

イスラエルの歴史を紐解いてみる。

ホロコースト（ナチス・ドイツによるユダヤ人の大量虐殺）で欧州、ロシアにいた約六百万人のユダヤ人がその命を残虐に奪われた。国際連合は、英国の委任統治領だったパレスチナを、ユダヤ人とパレスチナのアラブ人で分割する案を提示した。しかし、近隣のアラブ諸国がこれを拒否する。

現在の中東の火ダネを生み出したのは、いわゆる英国の「二枚舌外交」とも「三枚舌外交」とも言われる外交政策である。第一次世界大戦中に、英国は、オスマン・トルコ領土に住むアラブ人が反乱を起こすことを条件に、アラブ人国家の独立を認めるフサイン・マクマホン協定をアラブ側と結んだ。その一方で、ユダヤ側とは、戦争資金の支援を得るためにパレスチナにおけるユダヤ人居留地を認めるバルフォア宣言を英国のユダヤコミュニティと結ぶ。この二つの協定は矛盾する。さらに、オスマン・トルコの分割を英国、フランス、ロシアの三国で決めたサイクス＝ピコ協定という秘密協定を結んだ。

このため、一九四八（昭和二十三）年に建国を宣言したイスラエルに対してエジプトなどのアラブ諸国が攻め込み、第一次中東戦争が勃発する。各国にまだ反ユダヤ主義が残る中、イスラエルはアラブに存在を否定される。国の存在が脅威にさらされたイスラエルは軍事力を強めていくことになる。

そして第二次（一九五六（昭和三十一）年）、第三次（一九六七（昭和四十二）年）、第四次（一九七三（昭和四十八）年）と四度にわたる中東戦争が起きる。中でも第四次では、アラブ産油国が親イスラエル国に石油を輸出しないとする戦略をとり、原油価格が高騰。いわゆるオイルショックだ。トイレットペーパーが店頭から消え、スーパーマーケットなどに市民が殺到するというパニックが日本各地で起きた。七十年代にはさらに、イラン革命を契機に二度目のオイルショックが起きる。エネルギーを海外に頼る日本は、再度大きな打撃を受ける。

この傷跡が癒えていない状況下での友好議員連盟の設立だった。

正暉は、日本イスラエル友好議員連盟設立に尽力したのは外務省の官僚から頼まれたからだけではないと話す。

「日露戦争で日本は、軍事大国だったロシアに勝ったが、日本に軍資金を援助したのはユダヤ人だった。日露戦争勝利にユダヤ人の支援があったことはあまり知られていないが、日本とユダヤの歴史について学ぶべきことは多い」

歴史が好きな正暉は日本とユダヤの歴史について知識を深めていった。ユダヤの歴史に詳しく演説や講演でとりあげていたということも、議員連盟設立を外務省官僚から相談される理由の一つだったとみられる。

ユダヤと日本との関わりでいえば、「命のビザ」で知られる元外交官（リトアニア駐在領事代理）、杉原千畝の名前が真っ先にあがるだろう。彼だけではない。歴史学者のベン・アミー・シロニー、河合一充の共著「日本とユダヤ　その友好の歴史」（ミルトス）によると、杉原以前の旧満州（中国東北部）のハルピン特務機関長だった樋口季一郎陸軍少将（後に中将）も忘れてはならないという。一九三八（昭和十三）年、樋口は、ヨーロッパからナチスの迫害を逃れ、シベリア鉄道の支線の終点であるソ連側の駅「オトポール」に到着した多くのユダヤ人難民を救った。

オトポール駅は満州の「満州里《マンチューリ》」駅と国境を接していた。樋口は、正式なビザを持たないために満州国に入れてもらえず、飢えて凍えてしまうユダヤ人難民を入国させようと満州国外交部と交渉、ユダヤ難民のための通過ビザの発行に尽力した。

さらに、満州鉄道の松岡洋右総裁と連絡をとり、救援列車の出動を手配させた。救われたユダヤ人は日本、上海、米国へと安住の地を求めた。この「樋口ルート」は独ソ戦勃発（一九四一（昭和十六）年）でシベリア鉄道経由で移動ができなくなるまで続いたという。

樋口は、「日露戦争の勝利は、ユダヤの援助に負うところが大きかった」として、軍の中でもユダヤ陰謀説を真に受ける者が出る中、流されることはなかった。

日本はドイツと一九三六（昭和十一）年、日独防共協定を結んでおり、ドイツは樋口の行動について日本政府に抗議した。これを受けて当時、関東軍参謀長だった東条英機中将が樋口に釈明を求めた。これに対して、樋口は「オトポールにおいてユダヤ民族を進退両難に陥れることがあったとすれば、それは恐るべき人道上の敵ともいえる国策である。日本はドイツの属国ではない」などと返事した。東条は樋口の主張を受け入れ、ドイツの抗議は不問に付されたという。同書は、この樋口について、「『人種平等』が日本の国是だった。戦前の日本の、国家としての気概をみる思いである」と記している。

こうした歴史の背景も正暉が日本イスラエル友好議員連盟を設立した動機になっていた。

駐日イスラエル大使のヤッファ・ベンアリ氏は「アラブ・ボイコットがあり、今ほどイスラエルが日本で人気がなかった時代に、（中山正暉氏は）自らの意志で、友好議員連盟設立に奔走してくださった。自分というものを持たれていた方だ」と話す。

当時、十四歳。父親の背中を見続けてきた中山にとって、父が作りあげたイスラエルとの絆は、国際関係を見るうえでの核になっている。外務政務官、外務副大臣という要職についても、父の時代から築いたイスラエルとの関係が大きく役立つことになる。

イスラエルの青少年救出計画

あるとき、ブリュッセル・アントワープの超正統ユダヤ教（Ultra Orthodox）サトマール派のラビ（ユダヤ教の高僧）であるバイス師から中山の携帯に電話があった。ユダヤ教には国境を越えたつながりが世界中にある。バイス師は父親の代からイスラエルと縁が深い中山に直接、会って話をしたいといってきた。

「今、オランダにいるが、直接お会いしてお願いしたいことがあります。今から飛行機で日本に向かうので、可能なら明日、面会時間をとっていただけないだろうか」

中山は急な頼みに驚きながらも、「それでは、午前中は時間がありますので議員会館に来てください」と告げたところ、翌朝、成田空港に到着したバイス師は言葉どおり、中山の議員会館の部屋の扉をたたいた。

相談というのは、サトマール派の十代、二十代の青少年三人が二〇〇八（平成二十）年四月、オランダ経由で日本に入国した際、成田空港で合成麻薬のＭＤＭＡが大量に入ったスーツケースを持ち込もうとしたとして関税法違反、麻薬及び向精神薬取締法違反で現行犯逮捕されてしまったことだった。

イスラエルは日常生活や政治に、宗教的戒律が反映されている。大きく分けると世俗派と正統派があり、国民の半数といわれる世俗派は、戒律を守らず生活している。一方、正統派は食べ物、飲み物、生活スタイル、男子は黒い帽子、黒ずくめの衣服を着るなど厳格に戒律を守っている。中でも、宗教行政を司るのは最も厳格に戒律を守っている超正統派（ハレディーム）になり、サトマール派はその一つだ。青少年三人は、インターネットも使わないサトマール派のブネイ・ブラク出身者で、宗教学校に通い、世俗からかけ離れた生活をしていた。その同じコミュニティの先輩から、「東京にいる友人に、ユダヤ教の歴史的な宝物（ジュダイカ）を届けてほしい」と頼まれ、経由地のオランダ・アムステルダムのホテルでスーツケースを各自預かって、日本に降り立った。

しかし、スーツケースは二重底になっており、中には合成麻薬ＭＤＭＡ約九万錠などが隠されていた。当時の報道によると、末端価格は三億六千万円、旅客が持ち込んだＭＤＭＡの量としては過去最高だったという。

青少年たちは、海外はもちろん生まれて初めて。先輩の言葉をまったく疑わず、言われた通りにアムステルダムのホテルに届けられたスーツケースを預かり、日本に持ち込んだ。「知らなかった」とはいえ、大量の違法ドラッグだ。彼らの身柄は千葉刑務所拘置区（拘置所）に移されることになった。

そこで、問題が生じた。

ユダヤ教超正統派の敬けんな信徒は、コーシェルフード（ユダヤ教徒が食べていいとされる清浄な食品）でなければ口にしない。このため、彼らは拘置所で出される食事を食べることができずに、どんどん痩せてしまい、生命を脅かすほどの状態になっていた。

彼らを心配したバイス師が、当時、日本イスラエル友好議員連盟の事務局長で、イスラエルのことに理解がある中山を頼ったというわけだ。

「ユダヤ人は何世紀にもわたって迫害を受けてきた歴史があります。彼らは、宗教の違う異国の地の拘置所に拘束され、ある意味、ホロコーストの再現のような気持ちになったのではないだろうか。なんとかしなければならないと思いました」と中山は話す。

不思議な巡り合わせでもあった。中山は自民党の治安対策特別委員会のＭＤＭＡに関連する小委員会で事務局長を務め、ＭＤＭＡ摘発に関連して尽力したことがあったからだ。

今でこそ東京五輪の開催もあり民族や宗教の多様性が尊重され、日本でもハラルフード（イスラム教の戒律で許された食品）をはじめ、宗教に配慮した食品を手にすることができるようになってきているが、十年以上前のことだ。日本で、認証のコーシェルフードを入手すること自体が極めて困難だった。

在日イスラエル大使館からも力を貸してほしいと頼まれた中山は、彼らを心配して世界から駆けつけるラビたちを、外務省や法務省の高官らのもとに連れて宗教上、人道上の理解を求めた。機内食であれば対応できるのではないかと、ブリティッシュ・エアウェイズのコーシェルフードの機内食を拘置所に差し入れすることも検討した。

しかし、機内食とはいえ、刑務官が開封するのが決まりだ。ユダヤ教信徒ではない人の手に触れられると、せっかくのコーシェルフードが清浄ではなくなり信徒が口にすることができないため、最終的に拘置所への機内食の差し入れにはいたらなかった。

彼らのために通訳を行っていたヘブライ語講師の青木偉作によると、青少年たちは、信徒の行動規定を判断する権限があるバイス師の「生命の危険」という特別の判断で、拘置所で供給される食パンについては、食べることが許されるようになった。異教徒の日本人が手にして加工した野菜は食べられないため、野菜は加工せず素材のまま提供してほしいと拘置所に求めた。これも特別に認められるようになったという。

ウォスナー師と面会する中山

バイス師の宗教上の特別措置で彼らは食パン、生野菜（丸ごと）、たまに焼き魚、そして差し入れのジャムパンやチョコレートパンは口にすることができるようになった。ユダヤの祈りの祭具であるテフィリン（聖句箱）やタリート（ショール）については、法務省矯成訓に準じて差し入れが認められたという。

青少年ら三人は法的な主張が違っていたため、別々の法廷で審理され、二人には有罪判決が下った。もう一人の青年（二十代）は二〇一一（平成二十三）年八月、千葉地裁で無罪になった。

青木は「日本ではユダヤ教の食事規定があること自体、知られておらず、ましてや薬物犯罪の疑いがかけられている者のことなど顧みようとされなかった中で、中山泰秀先生だけが、法務大臣をはじめ政府や外務省の要人に、祈りの祭具やコーシェルフードなどの必要性を直接、訴える機会を作ってくださったことは、世界中のユダヤ教正統派コミュニティを励まし、勇気づけた」と振り返る。

自民党の支持率低下で二〇〇九（平成二十一）年、政権交代で民主政権になり、中山は議席を失ったが、政権が変わってもイスラエルの青少年らの境遇改善に尽力していた。

三人は事件当時の二〇〇八年、この年に北京でオリンピックが開かれることすら知らない世俗にうとい信者だった。しかし、コミュニティの先輩から頼まれて利用され、異国の地で罪に問われるという究極の試練を受けたことになる。

イスラエル国内ではこの当時、最大の社会的負担である徴兵制が事実上免除されている超正統派に対する世俗派の不平等感が高まっている時期でもあった。本来なら自国の国民の問題としてイスラエル大使館が働きかけるのが筋だったが、大使館から一任され、少年らの処遇改善に働きかけた政治家は中山一人だったといってよい。

中山は青少年の無罪判決から数カ月後、超正統派からイスラエル本国に招待したいという知らせを受ける。中山はその招待を受け、イスラエルへと旅立つ。

通訳として同行した青木と中山が案内されたのは、テルアビブ近郊の青少年たちの出身地のブネイ・ブラクだった。人口約十九万人。正統派ユダヤ教の中心地だ。

中山らが一歩、この地に足を踏み入れると、中山が少年らの帰国に奔走したことが知れ渡っていたのか、みんな笑顔で歓迎してくれたという。教会では高名なラビ、シュムエル・ウォスナー師が待っていた。

ウォスナー師は日本での中山の尽力についてお礼を述べたあと、こう尋ねた。

「お礼として、希望の物をなんでも言ってください」

「いいえ、お気持ちだけで結構です」

ウォスナー師と記念撮影する中山と青木

雑談後、「記念に」と中山がお願いしたのがウォスナー師と一緒の写真だった。

これには後日談があり、ウォスナー師はどんなに地位の高い人とも写真を撮ることを許さない人だったという。世界のユダヤ教の信徒に多大な影響力があるため、写真を利用されることを懸念したということもあったのだろう。

「そんなこととは露知らなかったものですから。写真をお願いしたとき、周囲に緊張が走ったのを感じました。後で、お金にはかえられない貴重なものをもらいましたね、と言われました。一緒に撮影した写真は私にとって大切な宝物です」

ウォスナー師は二〇一五（平成二十七）年四月、百一歳でこの世を去り、ブネイ・ブラクに埋葬される。葬儀には約十万人が参列したという。ウォスナー師との写真は、議員会館の中山の机に飾られている。

東京タワーに灯されるハヌカの灯

ユダヤ暦のお祭りであるハヌカが毎年十二月、東京タワーのふもとで行われている。ハヌカ。日本ではあまり馴染みがないが、毎年祝われているユダヤ教恒例の行事だ。紀元前二世紀ごろ、ユダヤ神殿を異教徒から奪回した際、神殿の燭台に火を灯すための油が一日分しかなかったにもかかわらず八日間燃え続けたという奇跡に由来している。ハヌキヤ（七枝のメノーラではなく九本の台がある燭台）に八日間にわたって一本ずつ火を灯す。東京タワーでは二〇一六（平成二十八）年から始まった。この東京タワーでのハヌカ開催に、一役買ったのが中山だった。

都内にあるシナゴーグ（ユダヤ教の会堂）の一つである「ハバッド・ルバヴィッチ（Chabad Lubavitch）」から「日本でも公の場で、ハヌカのお祭りを開催できないか」と相談された中山は、「日本を代表するといえば富士山だが、さすがに富士山開催は難しい。それなら、もう一つのシンボル、東京タワーではどうだろう」。米国ではホワイトハウスで大統領が蝋燭に火を灯し、ロシアではプーチン大統領など国のトップが参加する祭りだ。ここで、中山は電通にかつて所属していたアイデアマンとしての真骨頂を発揮する。

東京タワーを管理運営している「東京タワー」（旧日本電波塔）担当者に問い合わせた。

「イスラエル由来の祭典であるハヌカを東京タワーのふもとで開催させてもらいたい。イルミネーションが美しく、十二月のクリスマスの時期でもありとても映えますよ」

しかし、答えは「ユダヤ教の宗教的なイベントではないですか。提供するのは難しい」だった。

「そうですか。残念ですね。わかりました」

中山はいったん、そう言って引き下がった。

そこで、そう簡単にはあきらめないのが中山だ。調べたところ、東京タワー近くにある徳川家康の菩提寺、増上寺がイベントで使っていた。そこで再び、中山は担当者に連絡した。

「増上寺が東京タワーでイベントを行っていますね。仏教はよくて、ユダヤ教はダメというようにしたら、抗議運動が起きるかもしれず、少し心配です」

後日、開催をOKしてもらえた。ユダヤ教の祭りごとが公の場所で行われる希少な機会になっている。

二〇二〇（令和二）年十二月には、新型コロナ禍で規模は縮小したが百人規模の人が集まり、ハヌカの踊りが紹介され、聖油の故事を記念した、スフガニヤ（ジャム入りドーナツ）やラトケス（ポテトパンケーキ）なども提供された。

『アンネの日記』資料展の大阪開催

米ユダヤ系サイモン・ウィーゼンタール・センターのラビ、エブラハム・クーパー師と中山は気が合った。そのクーパー師から、センターが管理している『アンネの日記』で知られるアンネ・フランクの遺品などの展示を大阪でできないかと相談を受ける。

そこで、大阪市北区の梅田東コミュニティ会館で二〇一八（平成三十）年六月三十日から三日間にわたって開催されたのが「勇気の証言――ホロコースト展　アンネ・フランクと杉原千畝の選択」の展示だ。大阪市北区の地元の協力を得て資料展は大成功だった。中山は「すぐには難しいが、いずれまた開催したい」と話している。

心はイスラエルと共に

展示中、大阪に表敬に訪れたサイモン・ウィーゼンタールセンターのクーパー師

「あなたならどうしますか？　ある日突然二十四時間で三百発以上のロケット弾がテロリストによって撃ち込まれ、愛する家族の命や、家を奪われたら。イスラエルにはテロリストから自国を守る権利があります。イスラエルにはテロリストから自国を守る権利があります。最初にロケット弾を一般市民に向け撃ったのは一体誰だったのか？　私達の心はイスラエルと共にあります」

中山は二〇二一（令和三）年五月十二日未明、イスラエルとパレスチナ自治区のガザを実効支配するイスラム原理主義組織ハマスとの軍事衝突が激化していることについて、自身のツイッターにこんな内容を投稿した。この投稿には賛否両論の意見が寄せられた。同日午後、新型コロナウイルスのワクチン大規模接種センターについての記者会見で、毎日新聞の記者が質問。その内容が報じられると、国会で取り上げられるなど大きな波紋を呼ぶことになる。

以下、中山と記者とのやりとりを再現する。

記者　「『イスラエルはテロリストから自国を守る権利がある』などと書き込まれました。『防衛とは、やられたらやり返すお考えか』などという反応が寄せられている。どういった理由で書き込まれたのか？（防衛）副大臣という立場は、政府の一員だが、政府としてイスラエルを支援すると受け取られかねないのではないか」

中山　「衆議院に当選した二〇〇三（平成十五）年以来、イスラエル、日本の友好議員連盟活動をやってきた。同時に、イスラエルとパレスチナの和平に協力するという意味で、将来の中東を支える若い人達に日本で研修をしていただくという事業に政府のみならず、自分の自費も使ってずっとお付き合いをさせていただいた。その中で、公安調査庁のテロリズム要覧をご覧いただくとわかりやすいが、ハマスというテロリストグループがある。米国もテロ指定をしている団体が今回、イスラエルの市民に向けてロケット弾を二十四時間で三百発以上撃って、シビリアンの方々を攻撃している。私のツイッターに反応している中には、

『パレスチナはテロリストじゃないぞ』という批判もあるが、私は、パレスチナの方々がテロリストだと書いたことは一回もない。私が申し上げたいのは、そういう混同をするようなことをやめていただきたいと。日本の公安調査庁やアメリカが指定をしているテロリストであるハマス、このハマスがミサイルを撃っている。私がツイッターに書き込んだ書き込みは、こういったテロリスト・テロリズムをなくしてほしいと……。イスラエル、そして日本であっても『テロから自国民を守る権利』、これはあるのではないかと……。これをしっかりと訴えたいと思ったまでだ。パレスチナの一般の市民がテロリストに盾に使われていると……。

パレスチナを訪問、暫定自治政府のアッバス議長と観光大臣と中山

　なぜ世界中の報道機関がイスラエルに行って、ガザ地区でビルにミサイルがドンと当たる瞬間を撮影することができるのか？　イスラエルは、テロリストのいるビルに対して、『テロリストがいることを確認しているから、今からここを砲撃する』ことを、ＩＤＦ（Ｉｓｒａｅｌ　Ｄｅｆｅｎｓｅ　Ｆｏｒｃｅｓ＝イスラエル国防軍）ははっきりと予告をしてピンポイントで爆撃をしている。そこにテロリストがいる、テロリストの弾薬が確

保されている。そこへ一般の人を人の盾で巻き添えにしているのは、他ならぬハマスではないか？　こういった状況を見ると、私は、『テロから自分たちの国民を守る権利』というのは、どの国にもあると思っている。そういった意味で私は、一般のパレスチナの方も、テロリスト（ハマス）の活動のせいで、パレスチナの方々が（ハマスと）同一視されていることを、非常に懸念を持って見ている方もいると思う。そういった所にきちっと日本国民の理解を得たい」

中山の投稿について、パレスチナのワリード・シアーム常駐代表（大使に相当）は五月十四日に日本外国特派員協会で行われた記者会見で「偏見に基づく発言だ。日本の高官から（こうした意見が）出ることに失望した」と抗議。この後、同じ日本外国特派員協会でイスラエルのストゥルロブ駐日臨時代理大使が会見し、「（中山のツイートは）私たちを勇気づける声だ」と述べた。

この問題は、国会でも取り上げられることになる。十八日の参院外交防衛委員会で、共産党の井上哲士議員は「政府の原則的立場から逸脱しているのではないか」と質問。中山は「個人として言わせていただいている」と反論し、「政府見解と同じ認識だ。いかなる暴力行為も許されない」と述べ、ツイートを削除することをこのときは拒否した。

イスラエル寄りと見られがちな中山だが、外務省が一九九七（平成九）年から実施してきたイスラエル、パレスチナ双方の若者を日本に招聘する事業に貢献してきた。きっかけは中山が初当選した二〇〇三（平成十五）年、外務省幹部から「最終日にお別れ会を開いて若者を送りたいが予算がついていない」との相談だった。日本の「おもてなし」で若者たちを送り出したいと考えた中山は、ポケットマネーを使い、日本の文化を楽しめるお別れ会を自身で企画。屋形船や東京をバスで走りながらの食事など、毎年趣向を凝らしてイスラエル、パレスチナの若者が日本の文化を楽しんで帰ってもらえるようにしてきた。お楽しみの前には必ず中東情勢や政治の議論を行い、双方の理解を深めるようにした。

「ワリード氏に偏見に基づく発言などと糾弾されたが、私はパレスチナの市民を批判しているのではなく、テロリストのハマスを問題視している。これまでの活動を見れば自明の理のはずだ」と中山は語る。

そもそも、ハマスとは何者か。公安調査庁のテロリズム要覧では、一九八七（昭和六十二）年十二月、ガザ地区で発生したインティファーダ（抵抗運動）がパレスチナ全域に拡大した際、同地区の「ムスリム同胞団」最高指導者シャイク・アフマド・ヤシン

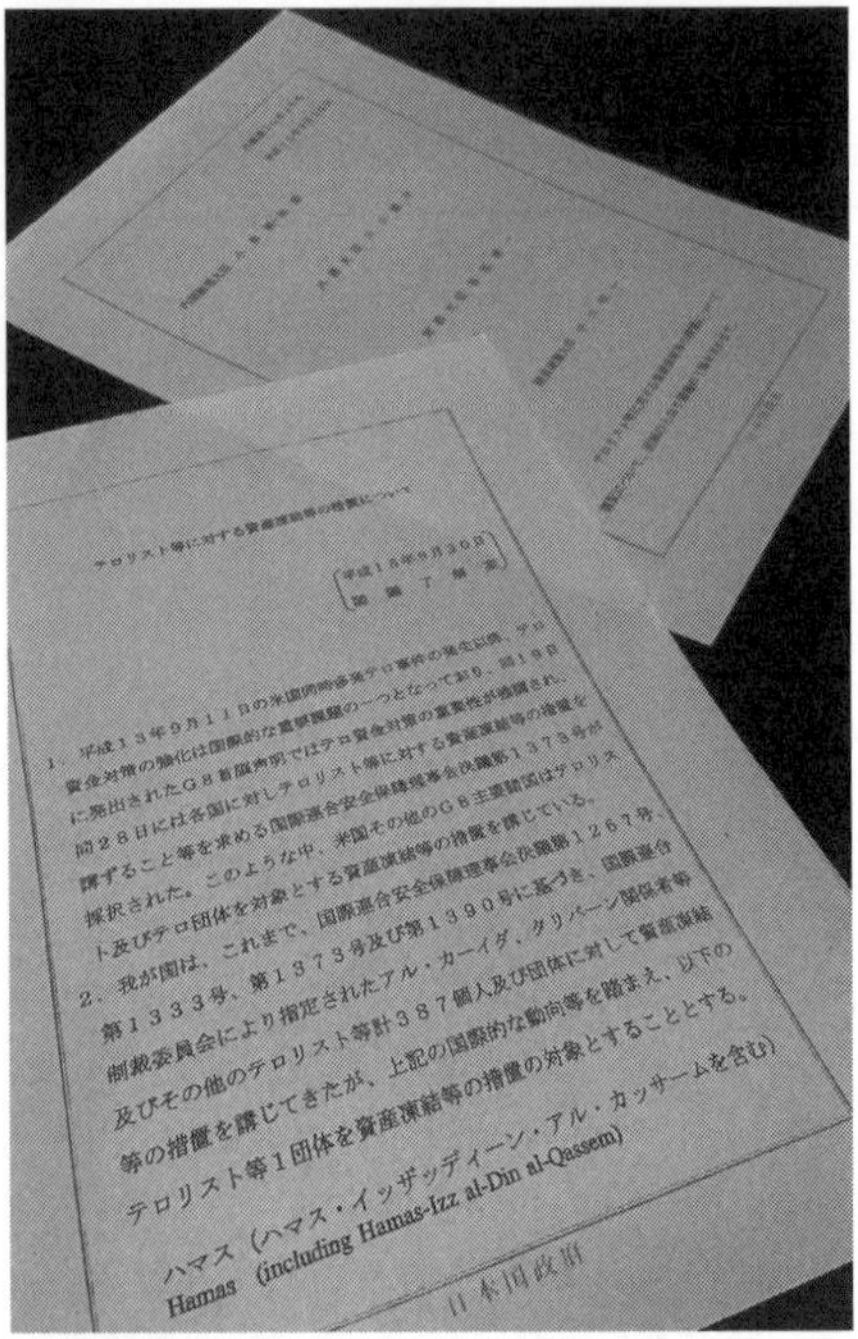

ハマスを、テロリスト等に対する資産凍結の措置の対象にする閣議了解案文書

（二〇〇四年死亡）が、武装闘争によるイスラム国家樹立を目的として設立した武装組織と、定義している。

　中山が会見で指摘したように、米中枢同時テロを受け、G8主要国はテロ資金対策の強化のためにハマスを含むテロリスト、テロ団体を対象とする資産凍結を行っている。日本もハマスについて二〇〇三（平成十五）年九月三十日、「我が国を除く他のG7主要国が資産凍結措置を実施していること、我が国がこれまでに入手した情報を総合的に勘案し、資産凍結等の措置の対象とする」と閣議了解した。

　ハマスは米中枢同時テロのアルカーイダや、日本人を拉致し、殺害したイスラム国（IS）と同様に、テロ組織という位置づけだが、朝日新聞はハマスを「イスラム組織ハマス」と表記。毎日新聞、共同通信も同様に「イスラム組織ハマス」。読売新聞は「イスラム主義組織ハマス」、産経新聞、日本経済新聞は「イスラム原理主義組織ハマス」、NHKは「イスラム主義組織」「イスラム原理主義組織」の両方の呼称を使っている。

呼称を見る限り、テロ団体とはわからないだろう。

「拝啓　中山泰秀副防衛相」

この問題について、イスラム思想研究者の飯山陽《あかり》は「拝啓　中山泰秀副防衛相」とする、自身の会員制の有料ブログの記事を誰でも見られるようにした。

「僭越《せんえつ》ながら申し上げます」という一文から始まり、「中山副防衛相の発言されたことは、実に合理的であり、正しいと思います」と続く。

以下、概略を紹介する。

「なぜなら、中山副防衛相は紛争当事者について、一方はイスラエルという『国』であり、もう一方はハマスという『テロ組織』であると正しく認識してらっしゃる。そしてイスラエルには国民が存在する以上、当然その国民と国土を防衛する自衛権がある、という国際法上の当然の権利に立脚してらっしゃる。だから、正しいと申し上げたのです。しかし日本のメディアや言論の場で、このような主張を目にすることはほとんどありません。

なぜならメディアや中東業界、知識人の中では、パレスチナ問題をイスラエルという悪の帝国主義抑圧国家と、パレスチナという抑圧された弱き正義の戦士の、いわば『正義と悪との戦い』『道徳劇』として描かねばならない、と決まっているからです。

彼らはハマスという『テロ組織』をパレスチナという『弱き正義の味方』にすり替え、『テロ攻撃』を帝国主義に対する『抵抗運動』にすり替えることにより、ハマスを擁護します。その証拠に、彼らはハマスを決して『テロ組織』とは呼びません。『イスラム組織』などと呼んで誤魔化しています。毎日（新聞）の当該記事も然り。

彼らはハマスが多くの国によってテロ組織指定されている事実だけでなく、ハマスがガザ市民に対する国際的な支援金、支援物資を横領し、学校や病院や道路がつくられるはずの鉄やセメントを使ってイスラエルを攻撃するためのトンネルやロケット弾の発射施設を作ったり、幹部が豪邸を建て贅沢な暮らしをしていることを伝えません。

また、ハマスはわざと学校や病院を攻撃の基地や拠点とし、そこをイスラエルが空爆するよう仕向け、イスラエルは無辜《むこ》の市民を虐殺したと主張し、その映像を大手メディアに撮影させ、世界に配信させることにより、世界中の人々にイスラエルに対する嫌悪、敵意を広め、ハマスはかわいそうなパレスチナ人を守る正義の戦士なのだというイメージを広めさせています。

ハマスはメディアのやり方を熟知し、それを戦略の一環として利用しているのです。このやり方は、実にうまく機能しています。実際、毎日新聞など日本のメディアはハマスの思う通りの『イスラエルが悪い、イスラエルこそ諸悪の根源』という報道をし続け、それしか知らない日本人もそのイメージを固定化させています」

さらに、飯山はこうした傾向は日本だけではなく、欧米でも同様に偏向していると指摘。「ハマスが一九八八年に発表した『ハマス憲章』は、ジハード（神の名における敵との戦い）によってイスラエルを殲滅させることを目標にすると明言している」と言及。「イスラエルが自衛をやめる時。それはイスラエルという国がテロリストによって殲滅《せんめつ》させられる時だ」とした。

また、「ハマス幹部のファトヒ・ハンマードが、エルサレムのパレスチナ人に対し、『ユダヤ人の頭をナイフで切り落としてほしい。あなたの手で、彼らの動脈を切るのだ。ナイフはたったの五シェケルだ。ナイフを買って、研いで、ただ（首を）切り落とせばいい。たったの五シェケルであなたはユダヤ人国家に恥をかかせることができるのだ」と呼びかけており、「これが正義の戦士、平和的抗議者の実態」と明らかにした。

イスラエルと縁が深い中山だったが、飯山との接点はこのツイートまでなかったという。

「イスラエルの味方をする、しない以前の問題だ。私は学者であり、事実を示して分析するのが仕事だ。中東問題は日本で異常に偏向して伝えられている。中東研究者も偏っている。パレスチナの応援をしているようで実は、ハマスの戦略にのってしまっている。パレスチナを苦しめているのは一体誰かということだ。事実を知らないまま踊らされるのは、日本にとって不利益をもたらすことになる」

飯山は、中山のツイートに応じて自分のオピニオンを公開した理由を明かしてくれた。


今回の衝突はエジプトの仲介があり、十一日間で停戦協定が結ばれた。

この問題について、五月二十日の参院外交防衛委員会の答弁者だった中山が遅刻したことから野党が反発、委員会は流会になった。質問の時間が繰り上がったことが中山に伝わっておらず、遅刻は時間にして二分間だったが、遅刻は遅刻。中山は、加藤勝信官房長官、岸信夫防衛大臣から厳重注意を受ける。中山自身も、後日開かれた委員会で遅刻を謝罪した。ツイッターのツイートについては、停戦協定が結ばれたことなどから「使命を終えた」として取り下げた。

「取り下げはしたが、いろいろな議論が起きるきっかけになった。問題の本質を発信するよい機会になったと思う」と、中山は振り返る。

中山がイスラエルを重要とみる背景には、防衛装備の部品ネットワークがある。例えば、日本の空を守る主力戦闘機である米ロッキード・マーチン製のF35機。翼など主要部品の多くが米国の同盟国であるイスラエル製になり、二〇一九年時点でイスラエルの米国に対する部品製造の売り上げは二十億ドル（二千二百億円）を超えるという。

中山は「加工貿易は経済安全保障上重要。サプライチェーンのリスクはまさに安全保障に直結する。F35だけではなく、第五世代移動通信システム（5G）、サイバーセキュリティにおいても源にイスラエルの技術がある」と話している。

駐日イスラエル大使のヤッファ・ベンアリ氏

本年（二〇二一）年五月、九月末の離任が決まっていた駐日イスラエル大使、ヤッファ・ベンアリ氏がロングインタビューに応じてくれた。

駐日イスラエル大使のヤッファ・ベンアリ氏

私が日本に赴任して四年になりますが、中山家とイスラエルとの関係は長きにわたり、一九八〇年代に遡ります。中山泰秀代議士のお父様、正暉氏によって、日本イスラエル友好議員連盟が発足いたしました。

イスラエルと日本との外交は一九五二（昭和二十七）年、日本が第二次世界大戦で敗戦した後、米国の占領から独立された年からで、約七十年間にわたる長い歴史があります。

中東とのエネルギー外交の中、オイルショックなどの影響で、中東の産油国からボイコットされるのではないかという懸念が日本にありました。しかし、正暉氏は周囲に流されることなく、ご自身の強い意志とリーダーシップで友好議員連盟設立を決断してくださったユニークな方でいらっしゃいます。その後長い年月を経て、両国間の関係に目覚ましい変化が訪れました。二〇一四（平成二十六）年に日本経済団体連合会が初めてイスラエルを訪問、徐々に当時の懸念が払しょくされてきました。

泰秀氏は、そのお父様のレガシー（遺産）を受け継がれていらっしゃいます。外交は、ときには双方の利益で動きますが、中山泰秀氏、正暉氏は両国の利益はもちろんですが、それだけではなく、心からイスラエルの真のサポーターであり続け、両国の友好関係の強化に尽力されました。

私は日本在任中、中山氏と近しく仕事をしてまいりました。個人的にも、彼は素晴らしい人格者だと思います。彼はご自身の職務と国の利益のために献身されています。彼はまたとても心温かい方です。東京タワーで行われたハヌカのイベントのときです。時期は十二月、屋外で行うのでとても寒い。そこに中山氏のご子息も参加していました。そのとき、自分のジャケットを肩にかけてあげ気遣っていました。私は愛情深く思いやりのある父親の姿に心を打たれました。

私は日本を最後に外務省を退官します。四十年間の公務を終えるにあたり、日本が最後の赴任地になりました。日本での経験は大変素晴らしいものでした。両国の友好関係の発展に微力ながら貢献できたことを誇りに思いますし、個人的な友人もできました。その中でも、中山氏とは、肩書がなくても、友人であり続けると思っています。それこそが真の友人であり、両国にとってかけがえのないものではないかと思うのです。

ご存じない方もいらっしゃるかもしれませんが、イスラエルでは日本研究は一九六〇年代から盛んでした。すでに八十歳を超えていらっしゃいますが、ヘブライ大学の東洋学部教授だったベン・アミー・シロニー氏は、「母なる天皇」「誤訳される日本」「ユダヤ人と日本人の不思議な関係」など日本についての多くの著書があり、日本研究に貢献したとして勲二等瑞宝章を受章しています。

アジアの国の中で初めてイスラエルと国交を樹立したのが日本です。韓国とは一九六二（昭和三十七）年、インド、中国とは一九九二（平成四）年です。日本とは七十年近いのですが、インド、中国とは三十年も経っていません。

来日したイスラエル人は、日本の文化や人に恋に落ちるといってもよいかもしれません。大好きになります。そして、イスラエルを訪れた日本人は、イスラエルのよき（観光）大使になってくださるほど、イスラエルの良さを広報してくれます。

イスラエルの日本人気は高く、二〇一九（平成三十一／令和元）年のイスラエルからの訪日客は四万四千人、この十五年で四倍に増えました。この日本人気を受け、二〇二〇年三月に、テルアビブのベングリオン国際空港と成田空港を十二時間前後で結ぶエルアル・イスラエル航空の直行便が就航するはずでしたが新型コロナの影響で延期になりました。日本からのイスラエルへの旅行客は二万六千人でした。日本の人口はイスラエルの約十四倍のため人口比で見ると少ないですが、直行便が就航すれば、双方とも三十％増になると見込まれていました。

イスラエルのベンヤミン・ネタニヤフ前首相が二〇一四年五月に日本を訪問した際に、両国間の新たなパートナーシップの構築に関する共同声明が発表されました。また、二〇一五年一月、安倍首相（当時）がイスラエル訪問のときに行った演説は歴史的なものでした。このイスラエルと日本との絆をきっかけに日本からの投資も増えました。過去五年間、両国間では要人の訪問が盛んに行われ、友好議員連盟の議員の方々を中心に、多くの議員や大臣がイスラエルを訪れています。

日本とイスラエルとはいくつもの違いがあります。まず、日本は綿密な計画や詳細を重視し、意思決定に時間をかける傾向があります。一方、イスラエルは迅速性・柔軟性を大切にするため決断も速く、細かいことにこだわらなかったりします。この違いがあるから、ユニークでポジティブな組み合わせが可能になると私は考えます。

両国には共通点もあります。伝統を大切にして、家族を尊び、教育を重要視することです。共通の価値観があるといえるでしょう。だから、双方が補い合えば相乗効果が生まれると思います。その一つの例が、日本の自動車産業とイスラエルのイノベーションとの親和性です。イスラエルには自動車メーカーはありません。スバルは八〇年代には唯一の日本車で、私の最初の車もスバルでした。今日ではあらゆるブランドの日本車がイスラエルを走っています。私たちは車を製造しませんが、センサー、カメラ、電子システムの分野を得意としており、イスラエルの技術革新のおかげで、交通渋滞や交通事故を自動的に回避することができるようになりました。日本の大手自動車メーカーは、これらの革新的な技術に大変関心を寄せています。

日本は少子高齢化社会に突入しており、経済成長の源である消費は落ち込み、生産力も落ちます。二〇一〇（平成二十二）年に国内総生産（ＧＤＰ）で中国が日本を抜き、日本は世界第三位になりました。さらに、二〇三〇年までにインドにも抜かされるという予測もあります。

イスラエルは、日本と比べると若者の割合が多い国です。国土の大きさは日本の四国なみで小さい。日本は国土が小さいと思われているかもしれませんが、そうであればイスラエルは極小の豆粒のような国です。ですから、様々な分野において両国間のパートナーシップがもつ可能性を考えると、大変興味深いものがあります。例えば、イスラエルはサイバー空間の分野で世界をリードしています。世界におけるサイバーセキュリティへの投資額の二十％はイスラエルの企業に向けられ、日本とイスラエルはすでに、サイバーセキュリティに関連した複数の合意を結んでいます。イスラエルのサイバーセキュリティの専門家の多くが、日本の組織や企業と協働しています。

日本はデジタル庁の設立などデジタル化に力を入れていますが、イスラエルでは八年前から政府のデジタル化が行われ、現在も発展を続けています。したがって、私たちの知見を共有することも可能です。

日本のイスラエルへの投資額は過去二十年で累計八十億ドルを超えるまでに増加しました。二〇二〇年にはさらに、約十一億ドルと飛躍的に増加した結果、イスラエルのハイテク分野への外国投資のうち、日本からの投資が十一・一％を占めるようになりました。

私どもは日本の競争相手ではありません。同じ価値観を共有する真の友人であり、日本が抱えている課題について、イスラエルがソリューションを提供できることも多くあります。それらはイスラエルで私どもが同様に直面している課題でもあるからです。私たちはともに力を合わせることで、両国の経済をより速く成長させることができるでしょう。

（談）

第5章

広島に国連本部を
×
子ども未来国連

外務政務官時代、アフリカの学校を訪問した中山

子ども未来国連で言いたかったこと

二〇二一（令和三）年三月二十七日。東京・有明にある屋内型ミニチュア・テーマパーク「ＳＭＡＬＬ　ＷＯＲＬＤＳ　ＴＯＫＹＯ（スモールワールズＴＯＫＹＯ）」で開かれた「第一回子ども未来国連」会議に、コミュニケーションサポーターの中山泰秀の姿があった。

「みなさん、朝食を食べてきましたか？　みんな静かだなあ。さ、手をあげて！」

参加しているのは世界二十三カ国の子どもたち約五十人だ。中山は英語で、硬い表情の子どもたちに呼びかけた。思わず、子どもたちの顔がほころぶ。

「戦争と平和がありますが、戦争には原因があって、結果が生まれます。私が今日、みなさんに考えてほしいテーマは、どうやって戦争を回避できるかです。みなさんが出してくれるウィズダム（知恵）にはルールはありません。どんなアイデアでも出してください」

グループに分かれた子どもたちは、ＳＤＧｓ（Sustainable Development Goals＝持続可能な開発目標）の十七の目標から一つをテーマに選び、一日かけて話し合ってもらった。

これだけの国の子どもたちに参加してもらうのは容易ではない。外務省にかけあって告知を流してもらったり、中山自身がこれまで関係を築いてきたイスラエルのほかアフリカの国々の大使館にも声をかけた。

新型コロナウイルス感染を防ぐため、中止やオンラインになることが多い中で、久しぶりに直接、顔を合わせるイベントだ。それだけに主催側も参加側も実施できるかどうかギリギリまで悩んでいた。しかし、二回目の緊急事態宣言が三月二十一日に解除になり、瀬戸際で開くことができた。

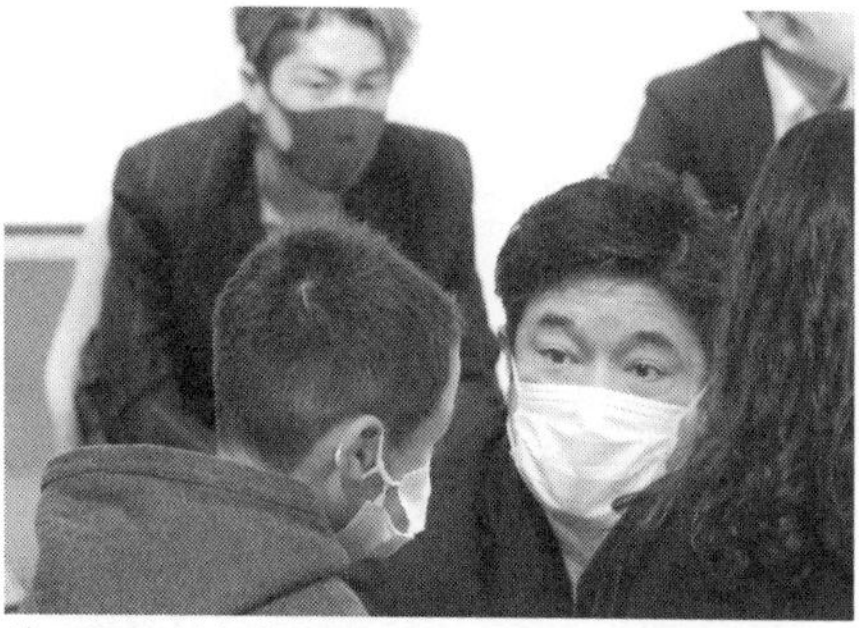
第１回子ども未来国連で、子どもに話しかける中山

「平和」をキーワードに中山がスピーチの中でもう一つ、触れたことがある。中山が外務政務官の時代に訪れたアフリカのニジェールでの体験だ。

「日本の援助で小学校が建設され、その小学校に外務政務官として視察に訪れたとき、小学六年の少女が作文を読んでくれました。彼女のスピーチの中で気になった言葉が二つありました。一つが広島、もう一つが長崎でした。遠く離れたアフリカの大陸で少女は、日本のことを一生懸命調べてくれていました」

中山は、日本といえば首都、東京という名前が世界的に知られているのは当然としても、第二次世界大戦中に米国が原子爆弾を落とした広島と長崎も、歴史的に平和の象徴として知られていることを実感したという。

「広島や長崎という地名は、日本が多くのかけがえのない命を賭して得た『ネーミングライツ』です」

この体験をきっかけにして中山が提唱したのが「被爆地である広島、長崎に国連の本部機関を誘致する」構想だ。「子ども未来国連」は、この構想に関わったメンバーが主力になり生まれたものだった。

議員勉強会の発足

中国新聞は二〇〇八（平成二十）年六月十九日付の一面で、「国際平和機関広島誘致へ有力候補地に市民球場跡」という大見出しの記事を掲載した。新聞の最初のページである一面に掲載されるニュースは、その日最もニュース価値が高いという位置づけだ。

記事は、「世界各地の紛争後の平和構築などを担う国連機関や国際機関を創設し、本部を被爆地広島に誘致することを目指す、超党派の国会議員による勉強会が二十日、発足する。候補地には、原爆ドームに隣接する広島市民球場（広島市中区）の跡地も浮上。九月、同市である主要国（G8）下院議長会議（議長サミット）や福田康夫首相の演説が予定される国連総会での表明を計画している」というリードで始まる。

当時の設立発起人として、衆議院議員は中山太郎（自民）、綿貫民輔（国民）、森喜朗（自）、平沼赳夫（無）、高村正彦（自）、鳩山由紀夫（民主）、鈴木宗男（新党大地）、杉浦正健（自）、亀井久興（国民）、太田昭宏（公）、穀田恵二（共産）、斉藤鉄夫（公明）、安倍晋三（自）、岩國哲人《てつんど》（民）、河野太郎（自）、阿部知子（社民）、山口壮（民）、笠井亮《あきら》（共）、そして中山泰秀（自）。参議院からは矢野哲朗（自）、谷川秀善《しゅうぜん》（自）、遠山清彦（公）、山本香苗（公）、田中康夫（新党日本）。

設立の代表世話人は、広島が地元の中川秀直が務め、中川を含め超党派で二十五人が名前を連ねた。中山は事務局長になった。

六月二十日に国会内で開かれた第一回勉強会について、中国新聞は「与野党の衆参十六人が参加。広島県・市の東京事務所職員も出席した。代表世話人になった自民党の中川秀直元幹事長（広島四区）は『今年は主要国（G8）首脳会議（北海道洞爺湖サミット）があり、二〇一〇年は国連が六十五周年を迎える。これを機に、日本の国家戦略である平和の観点から新たな機関をつくり、被爆地を代表して広島に誘致したい』とあいさつした」などと報じている。

この構想のブレインになったのが星野俊也・大阪大学大学院教授（国際公共政策研究科）だった。星野は二〇〇六（平成十八）年から二年間、ニューヨークの国連本部日本政府代表部公使参事官を務めていた。この当時、外務政務官だった中山がニューヨークの国連本部を訪問したとき、日本に国連本部を誘致するという構想について相談されたという。

緊急提言

「日本をグローバルな平和の発信・推進拠点にするための国連・国際機関等の活用に向けて」と題する緊急提言が、超党派の議員で構成される「日本に国連・国際機関等を誘致する勉強会」の付託を受けた有識者で作る「次世代の日本・国連関係を考える有識者グループ」（座長・星野俊也）の手で二〇〇八年九月、まとまった。時間が経過しているが、その内容は示唆に富んでいるため紹介したい。

緊急提言は、「戦後、日本は、過去の戦争の過ちを二度と繰り返してはならないとの強い決意のもとに『平和国家』を築き、目覚しい復興・再生を遂げ、さらに今日、世界の平和と発展に貢献する『平和協力国家』として国際社会において責任ある役割を果たす意欲を表明している。そして、日本が国際協調に向けて誠実かつ堅実な貢献を行うにあたっては、二国間外交のみならず国連等の国際機関の役割を重視してきたことも日本外交の大きな特徴の一つに指摘できる。では、国連等の国際機関のなかで日本の役割への期待は依然として高く、日本が国際機関を通じて具体的に果たしうる役割も大きいなか、政治的モメンタムを活用し、国連をはじめとする国際機関を巻き込み、平和のためのグローバルな活動や世論の『うねり』を作るための拠点・基盤を日本に形成することは可能だろうか」と問題提起。

そのうえで、現状の問題点として、「①歴史的な背景から国連等の機関の本部機能の多くは欧米（例　ニューヨークやジュネーブ）に偏在するという不均衡状態にあり、日本国内やアジア太平洋地域に点在する機関や事務所についても、それらの機能の合理的な連携を促すアジア太平洋地域における国連の「本部」機能が不在である。②日本（あるいは日本国内の都市）が現在、ホストをしている諸機関やその活動からでは、日本がグローバルに発信するメッセージが見えてこない。さらに、日本において国連・国際機関や関係国がハイレベルで集まり、NGOや有識者、オピニオン・リーダーらが多数集まり、グローバルな議題について固定的・定期的に議論するようなフォーラムの例はない（例えば、ダボス世界経済フォーラムの政治版等）」とした。

なぜ、日本に国連本部機能を誘致するのか、という点については、「日本の歴史・政策・強みを総合した『国柄』を国際機関に投射するのであれば、『平和』、『再生』、『環境』及び『人間の安全保障』を指導理念にしていくことが有益と考えられる。これらは、先の大戦において世界で唯一の被爆国であり、戦後は目覚しい復興を遂げ、一貫して『平和国家』の道を歩む日本が世界に発信するキーワードとして最もインパクトがあり、また、人類にとって普遍的な意味を持つ。

もとより『平和』とは多義的な概念だが、特に『核軍縮（核廃絶・不拡散）』は、唯一の被爆国としての日本のみが圧倒的な説得力を持って発信し、推進できる分野の一つである。実際、日本には被爆後の荒廃から奇跡的な復興と発展を遂げ、見事な『再生』（都市や人々の生活基盤や自然環境を含む）を果たした『ヒロシマ』・『ナガサキ』がある。この経験は、いわば人類史的な意義をもち、決して風化をさせてはならない。グローバルな平和は、途上国の開発やポスト紛争国の平和構築の努力とも切り離せない。開発援助は日本の有する外交手段としては最も経験が豊富な分野であり、日本は早くから平和構築を政府開発援助（ODA）の柱の一つに据え、重点的に支援を行っている。広島で『平和構築人材育成』事業が実行に移されている。日本が世界有数の援助供与国として、国連その他の関係諸機関と協働し、グローバルな視点から新しい『援助アーキテクチャー』の構築に資するアイデアや活動を促進する拠点となることも重要である」と結論づけている。

手法として、ハードではアジア太平洋地域に所在する国連機関のネットワーク化と再編を通じた常設の国連アジア太平洋本部（仮称）の誘致。ソフトでは①国連大学（東京）をはじめとする日本国内の国連・国際機関等のネットワーク化による機能強化・拡大に向けた機会の誘致、②世界に広がる主要国連・国際機関とハイレベルの各国政治指導者、オピニオンリーダー、ＮＧＯ等を総動員したグローバルな平和のフォーラム（特に「リトリート」方式による会合。毎回の開催地が固定され、定期的に実施が計画されている会合で、イメージとしては、「東京平和構築シンポジウム」の拡大・リトリート版または「ダボス世界経済フォーラム」の政治版、等）の誘致とした。

中山は「安倍前首相は積極的平和主義を掲げていましたが、世界で唯一の被爆国である日本だからこそできることがある。少子高齢化が進み日本が外交的に生き残る道を子どもたちに資産として残すためにも、国連に対する立ち位置としても、日本にふさわしい施設のはずだ」と話す。

平和のシンボルである原爆ドームがすぐそばにあるという立地、その発信力から誘致場所として候補にあげられていた旧広島市民球場跡地は、広島市民に愛され続けてきた場所だ。二〇一六（平成二十八）年五月二十七日、バラク・オバマ元大統領が現役の米大統領として初めて、被爆地である広島を訪れた歴史的なこの日、安倍前首相は自衛隊のヘリで旧広島市民球場跡地に降り立ち、平和記念公園に向かった。

このまとまったスペースは国有地で、都市公園である中央公園の一角にあり、都市公園法の縛りがかかっている。球場の役目を終えた後は、フラワーフェスティバルなど屋外イベント会場として利用され、市民に親しまれてきた。市は「市民が世界に誇れる空間」となる跡地利用について長年、検討していたが、指定管理者を民間で募集、決まった管理業者に二十年間の運営を任せる予定だ。

中山は「旧広島市民球場跡地が国の施設設立にふさわしいと思うが、場所についてはいろいろな方法がある」としている。

自分の地元である大阪ではないにもかかわらず、中山がこの構想を新人議員時代から一貫して進めてきた理由について、「インバウンド頼みではそのときの状況で大きく変わる。

北朝鮮がミサイルを発射したときも海外からの観光客が来日をキャンセルするなど安全保障環境が影響した。その懸念は、今回の新型コロナウイルスのパンデミックで世界が鎖国状態になり裏付けた形だ。しかし、国連本部機能誘致はインバウンドの固定化になり、影響を受けにくい」としたうえで、「国連本部機能誘致の効果は広島だけではなく、関西国際空港がある大阪、そしてリニア新幹線の延伸をつなげればさらに波及する」と語る。

国連本部誘致構想はしばらく休眠状態だったが、「子ども未来国連」がきっかけになり、動き始めた。

子ども未来国連の未来予想図

この章の冒頭に紹介した「子ども未来国連」の基礎になったのは、二〇一九（平成三十一／令和元）年に始まった東京二〇二〇オリンピック・パラリンピックの公認プログラム「BEYOND　2020　NEXT　FORUM」だ。

ラグビーW杯、新型コロナで延期にはなってしまったが二〇二〇（令和二）年の東京オリンピック・パラリンピック開催後、日本を元気にしていくためなにか「場」を作りたいと、東京2020オリンピック・パラリンピック招致推進委員会事業・広報アドバイザーでヘッドライン代表取締役社長、一木広治《こうじ》らがクリエイターやアーティストらに声をかけスタートした。①次世代エンターテインメント、②次世代ライフサイエンス、③次世代人材育成、④次世代農業・食、⑤次世代エコノミーの五つのテーマを掲げている。

FORUM発起人はそうそうたるメンバーだ。俳優の別所哲也、熊本県のPRキャラクター、くまモンをプロデュースした放送作家の小山薫堂、動画投稿サイト「ニコニコ動画」のドワンゴの横澤大輔、パフォーマーで国連世界食糧計画（WFP）サポーターのEXILE ÜSA、ジャーナリストの堀潤らが名前を連ねている。

世界的ギタリストで国連難民高等弁務官事務所（UNHCR）親善大使のMIYAVIや堀潤、そして中山も加わり、「次世代人材育成」をテーマに、分断が進んでいる世界で未来の子どもたちのために、平和国家として日本が何かできないかという議論の中、平和を共有しながら多様性を認めあうことを意味する概念を「ピースコミュニケーション」と定義。その概念を具体化し、将来的に国連機能の誘致を実現するプレイベントとして「子ども未来国連」を実施することになったという。

一木は広告会社出身でもありネットワーク力を駆使して、当初は難しいと思われたことを走りながら実現させるのが得意だ。「国連」ということで、中山が提唱した国連本部機能の誘致のときにブレインとなっていた星野が当時、ニューヨークで国連日本代表部大使（現・大阪大学大学院教授）だったことからオンラインで参加してもらい、イベントにアイデアを出してもらったり、詳細を詰めていった。

二〇一五（平成二十七）年の国連サミットで採択されたＳＤＧｓは、二〇三〇年までに持続可能でよりよい世界の実現を目指している。ＳＤＧｓをテーマに開催される二〇二五年の日本国際博覧会（大阪・関西万博）への参加を目指し、毎年「子ども未来国連」を開催していくことになった。

子ども未来国連で、子どもたちも楽しんでいた

第一回子ども未来国連の当日に話を戻す。

「知る」、「考える」、「伝える」の三部構成で展開され、第一部で、グループごとにテーマを決めた子どもたちは、第二部で「二〇三〇年の世界はどうなっていてほしいか」という課題で、レゴブロックを使って、未来の街を工作した。「道路のゴミを自動で拾ってくれるロボット」や「ゴミ拾いの児童労働をなくすためのゴミ収集ボックス」、「スーパーやコンビニで他言語がわかるロボット」など個性豊かなアイデアが出

された。第三部では、グループで自分たちの「理想の未来」をプレゼンテーション。自然や動物など「環境」をテーマにしたものから、ジェンダー、児童労働などの「人権」、平和や友情に焦点を当てたアイデア、子どもたちが学校に通いやすい街、健康のためになわとびや音楽があふれる街といったプランが披露された。

このプロジェクトでは、小学生から寄せられたデザインで、誰もが幸せな街のシンボルである「ＳＤＧｓピースコミュニケーションタワー」を、子ども未来国連の会場となった「スモールワールズＴＯＫＹＯ」に建てることになっている。オリンピックの新国立競技場を設計した建築家の隈研吾氏が審査員となり選んだグランプリと準グランプリのデザインもこの日、発表された。

ＭＩＹＡＶＩの音楽セッションもあり、参加した子どもたちも大喜びだったという。

徴学制

中山が国連本部誘致と共に政策提案しているのが、望めばいつでも海外に留学できる「徴学制」だ。

「徴学」という言葉は「徴兵」を想起させるが、義務になるのは国民ではなく国。国が航空運賃と学費を含めた費用を補助するという制度だ。国内にアドミッションオフィスを作り、そこに合格すれば五十歳でも、十五歳でも海外で学べる機会を与えるという考えだ。

「まずは、チャンスを平等に与えてあげたい。家が裕福かどうか、働いてからでは官費留学などごく一部の人しか留学できない現状を変えたい」

新型コロナ感染拡大の前から、若者が内向きになり海外に行かなくなってきている。オンラインで情報は入手できるが、海外の実体験の利点は語学力を培うといったことだけではなく、自分の国を外から俯瞰《ふかん》することができることだと中山は実感しているからだ。

中山の留学体験は高校時代、フランス・アルザス地方のキンツハイムにあったアルザス成城学園だった。

フランス留学を決心したのは、偶然だった。

中学三年の受験時、母親が安心して外に送りだしてくれたのが書店だった。勉強に必要な本を探すとともに、ストレス発散で書棚を見て回っていたところ海外の学校を紹介する本を見つけた。ロンドンの立教英国学院など三冊あった海外の学校の本の一冊がアルザス成城学園だった。

「合格すればちょうど開校の年に入学になる。当時はバブル経済まっさかりで、大学留学先は米国・西海岸が人気だった。高校生でフランス留学する人数は少ない。政治家になるにあたって面白いキャリアになると考えた」と当時を振り返る。

正暉に相談したところ、「自分の人生は自分で決めなさい」と言ってくれたという。「今、同じことを娘に言われてもかなえてあげられるかどうか……。感謝している」

中山はアルザス成城学園の高等部開校の年に入学、フランス北東部の田舎町で高校生活を送った。歴史のある欧州で多感な時期を過ごせたことは、中山の大きな財産になっている。

第6章

政治家の家に生まれて

父、中山正暉の街宣カー。スピーカーの写真に2歳の泰秀が写っている（1972年）

見よう見まね

祖父の中山福蔵は戦前には衆議院議員、戦後は参議院議員、祖母のマサは戦後、衆議院議員になり、女性初の閣僚として厚生大臣に。伯父の太郎は元外務大臣。父の正暉は衆議院議員を十一期務めた。自他ともに認める政治家一家の長男として一九七〇（昭和四十五）年、生を受けた。

「物心ついたころから政治家の家に生まれたということを感じていた」

大阪市東淀川区の自宅には応接間があり、父、正暉を訪ねてきた客が陳情するのを隣いて耳にすることもよくあった。母の手がふさがっているときは、泰秀が見よう見まねでお盆に紅茶やお茶、菓子を載せて客に運んだ。

来客が重なったとき、次の客は洋間の応接間の横の和室で待機している。待っている客の相手をするのも泰秀の役目だった。人なつこい泰秀は、客からもよくかわいがられた。一日中、人の出入りがひっきりなしにあり、当時はそれが当たり前と思っていた。自身の自宅だけではなく、夫婦で国会議員だった祖父母の自宅にも多くの人が出入りしていた。それが普通ではないことは後で知った。人の出入りの多さを認識したのが、政治家の家に生まれたと認識した最初だったという。

一九六九（昭和四十四）年に衆議院に初当選した父親が時の内閣総理大臣の田中角栄と一緒に、JR大阪駅前で街頭演説を行った際、選挙カーのスピーカーの下に掲げられた写真に、二歳の泰秀が写っている。はからずも二歳ですでに、選挙活動に参加していた。

立会演説会

父、正暉の選挙区である大阪市東淀川区の市立豊里小学校で行われた立会演説会に半ズボン姿の泰秀がいた。

候補者が勢ぞろいする中、正暉が声を張り上げると、体育館に詰めかけている聴衆が沸く。父親の演説する姿に、子どもながらに感銘を受けた。

泰秀が九歳のとき、大阪二区（中選挙区、定数五人）の選挙で、自民党では正暉のほか前田治一郎、日本共産党では東中光雄、社会党からは井岡大治、公明党からは浅井美幸らの面々が名を連ねていた。候補らはそれぞれ演説をぶち上げる。

「父親であることを差し引いても、おやじの演説はピカ一でした。選挙を戦っている父親の姿に興奮を覚えた」

一九四八（昭和二十三）年に導入された立会演説会は、参加者が少なくなったことやテレビの政見放送が始まったことなどから一九八三（昭和五十八）年に廃止になる。

フェイスブックやツィッターなどSNSを駆使する泰秀だが、「立会演説会がなくなり、有権者は直接、候補者の演説を聴くことがないまま、票を入れなければならなくなったことが残念だ。小学生のときに候補者が熱く演説し、その興奮を知ることができたことは本当に意味があったと思う」と話す。


得難い思い出がある。一九七九（昭和五十四）年の総選挙の正暉の個人演説会に、時の総理だった大平正芳が思いもかけずに応援弁士として訪れた。当時、泰秀は九歳。五歳年上の姉の貴美子と一緒に、大平に花束を渡した当時の写真がある。

「総理の車は初代センチュリーで車体に紫色の印がついており、子ども心に総理にあこがれていた」と振り返る。

大の車好きの泰秀にとって防弾仕様のセンチュリーは総理の象徴だった。

祖父の福蔵は、トルコの初代名誉総領事を務めており、福蔵の車には日本の国旗とトルコの国旗がついていた。トルコの国旗は、祖父の車で覚えた。

「政治家になりたいと思ったのはいつからというよりも、DNAのように刷り込まれていたように思う」

両親が国会議員だった正暉も、自身が政治家になったことについて「マサの後継者として同じ選挙区から出馬したが、政治家になると決意したというより、政治家になることが自然の流れだったように感じる」と話す。

筋を通す政治家、福蔵とマサとの出会い

祖父の福蔵と幼い泰秀

泰秀のルーツでもある祖父の福蔵の人生を振り返る。
福蔵は一八八七（明治二十）年、熊本県で生を受ける。早くに父親が亡くなったため、母の生家があった鹿児島・志布志に移る。長崎県の鎮西学館（現・鎮西学院）に入学、旧制大阪府立富田林中学校二年に編入、旧制奈良県立郡山中学校に転校。成績が優秀だった福蔵は、家庭教師をしながら鹿児島県の旧制第七高等学校造士館、東京帝国大学法学部に入学。同大卒業後司法試験に合格するが、同級生と法廷で争うことはしたくないと、学生時代を過ごした大阪

で弁護士事務所を開いた。

福蔵の言葉として泰秀が正暉から教えられた言葉が二つある。

一つは「世界の将来はアフリカが決する」。もう一つが、「大自然を大切にせよ。そうでないと、やがて人間は自然からしっぺ返しを食らうぞ」というものだった。

自然を愛する福蔵は独立心が非常に強く、東大在学中に休学をして、ボルネオ島でゴム園を経営していた伯父を手伝っていた。また、「大自然主義者」を標ぼうしていた。今でいう生物多様性、そしてアフリカという地球環境のために人類全体が尊ばなければならない価値に福蔵は気づいており、先見の明があったといえよう。


政治家志望だった福蔵だが、簡単に政治家になったわけではない。落選を経験している。そんな中、佐賀藩士出身で、大隈重信首相の秘書官だった川尻正修が取り持った縁で、マサと結婚する。このマサが、無所属で政治家を目指していた福蔵を当選させたいと、当時の二大政党の一つである立憲民政党大阪事務所に出向き福蔵の公認を申し込んだ。民政党の公認を得て、第十八回衆議院総選挙で福蔵は最高得票数で当選。第十九回、第二十回と当選を重ねる。しかし、時代は戦争の道へと突き進んでいき、反骨の福蔵はいばらの道を歩くことになる。

いわゆる反軍演説

兵庫出身の政治家、斎藤隆夫が一九四〇（昭和十五）年二月二日、衆議院本会議で日中戦争（日華事変）の処理についての質問演説（いわゆる反軍演説）を行った。議事進行係だった福蔵は斎藤の懲罰動議についての議場運営委員会理事会で「私は弁護士だ。被告人の死刑が確定したとしても刑を執行するには猶予期間がある。内閣の方針と違う演説をしたからといって、短期間で除名をすることはいかがなものか。世界からファッショ（ファシズム）とみられないか」として、異論を唱える。

除名は現在と同様、衆議院の三分の二の賛成で議席を奪うことができる。三月七日に行われた除名処分の議決で、福蔵は身をもって自分の信条を表すために棄権した。

東条英機陸軍大臣からにらまれた福蔵は、国会の廊下で「お前みたいなやつがいるから」と腕をつかまれ、全ての政党が合流した大政翼賛会下での選挙で、翼賛会からの推薦がもらえなくなる。一九四二（昭和十七）年に行われた第二十一回総選挙のとき、大政翼賛会から非推薦となった議員は、治安維持法に伴う緊急勅令公布により設置された特別高等警察（特高）の政治的弾圧や嫌がらせを受けていた。福蔵も個人演説会を開けば、サーベルを持った特高が乗り込んできて、「中止！　中止！」と妨害された。選挙が終わった後で、郵送したはずの推薦をお願いするハガキが荒縄でくくられ、玄関前にドサっと置かれ、ハガキには「居所不明」の判が丁寧にも押されていたという。

福蔵は代議士であったため逮捕こそされなかったが、身の危険を感じて寝室には日本刀を抜き身で枕元に置いていた。まさに命がけだった。

軍に反対したことから、近所の世話役から配給の判をもらえず、食料が手に入らなくなってしまった。弁護士時代の顧客からの支援やヤミ米でなんとか生活をしのいだ。

「おやじ（正暉）は六人兄弟だったが、栄養失調や脚気で二人が亡くなり四人が残った。福蔵、マサはこの時代、壮絶な苦労をしたのではないかと思う」（泰秀）

福蔵は戦後、参院議員を三期務め、七十八歳で引退。一九七八（昭和五十三）年、九十一歳で亡くなる。

亡くなった福蔵の戒名は「盡政院釋自然」。大自然主義者として、自然への思いが強かった福蔵の生き様が込められているという。

女性政治家の先駆け、マサ

女性の政治家の先駆けであり、明治、大正、昭和という動乱を生き抜いた先駆的な女性の一人であるマサは一八九一（明治二十四）年、長崎県で生まれる。母のカイは産後の肥立ちが悪く、カイの姉・飯田ナカが養女として引き取った。飯田ナカは裕福でマサは長崎の名門のミッションスクール・活水女学校（現・活水学院）に進学した。

中山マサ

「初期・活水学院の三人の娘たちと近代日本――神近市子・中山マサ・北島艶の歩んだ道」（森泰一郎著、現代社会学紀要12巻1号）によると、明治の近代化の過程で、英米のキリスト教各派は日本に宣教師を送り、日本のキリスト教化をはかって、青少年育成のための学校を設立。特に、官立が手を出していなかった女子教育に力点をおき、フェリス女学校、海岸女学校（現・青山女学校）、立教女学校など次々と設立した。長崎にも、各派が神学校を設立。メソジスト・監督教会外国伝道局（WFMS）が活水女学校の設立者となるラッセル女史とギール女史を派遣し、一八七九（明治十二）年、一名の学生しかいなかった女学校、活水女学校をスタートさせる。同学院の教育方針は「女児が成人した後の婦人として行わねばならぬ事柄を教え込むために最善を尽くす」ということだった。聖書、地理、物理、ラテン語、歴史、音楽は英語で教える全寮制で、国語以外は、ラッセル女史らが担当した。いかに、学問のレベルが高かったかがしのばれる。

その中で、マサは卓越した英語能力を身につけた。中等科の課程を修了後、学院の校長だったヤング女史から米国留学を打診される。養母・ナカもマサの背中を押したという。

明治時代、多くの若者が国を背負うという大志を抱き、海外へと旅立った。マサも一九一一（明治四十四）年、ヤング女史の一時帰国に合わせてタンカーに乗り込み、米国に渡る。名門・オハイオ州のウエスレヤン大の予科で一年学んだ後、一九一二（大正元）年、正規学生となり、英文学を専攻。四年間で卒業して、ＢＡ（Bachelor of Arts＝文学士）の資格を得る。優秀なマサは帰国後、母校の活水女学校で英語教師を務める。活水女子専門学校の教師も兼務。英語教師として、生き生きと活躍していた。

人生が一変するのは、福蔵との結婚だ。一九二三（大正十二）年、三十二歳のときに大阪にいた福蔵と結婚する。福蔵は選挙に出馬するが二回とも落選、やっと民政党の公認を得て三回目で当選する。その立役者になったのがマサだった。

『長崎の女たち』（長崎文献社）、『先駆者たちの肖像　明日を拓いた女性たち』（ドメス出版）によると、民政党の大阪支部長は、福蔵の応援弁士を務めたマサを「じゃじゃ馬」と評した。まだ応援弁士が珍しい時代、洋行帰りの女性が街頭で演説に立つわけだから、目立ったのだろう。

しかし、太平洋戦争時代はマサにとって試練の場だった。福蔵が軍ににらまれ、非推薦で選挙妨害にあうだけではなく、語学堪能なマサはスパイとして目をつけられた。福蔵が代議士でなければ、マサも一緒に投獄された可能性があっただろう。

戦時中は辛酸をなめたマサだが、戦後は英語が堪能なことで逆に重用されることになる。マサは戦後、女性に参政権が認められて二回目となる第二十三回衆院選に出馬、当選する。このとき、夫婦共に出馬するが、福蔵は落選しており明暗が分かれたという。

マサは、吉田茂内閣時代、吉田に語学の力を買われてサンフランシスコ講和条約の調印の場に同行したという。

福蔵とマサは戦後、解体の危機に瀕していた学校の存続にも尽力する。

西日本最古の小学校である私立の大阪偕行社附属小学校（現・追手門学院）は軍の子弟教育にルーツをもち、戦時中は第四師団附属となっていたため、戦後、GHQ（連合国軍最高司令官総司令部）は解散させる予定だったが、英語が堪能なマサと戦時中は軍の方針に反対した福蔵の働きかけもあって残ることになり、現在にいたる。校舎払い下げのときには、学校の依頼を受けて弁護士だった福蔵が法廷代理人となり尽力した。福蔵とマサの二人の写真が追手門学院小学校百年史に掲載されている。

泰秀はその追手門学院の九十四期生、長男、長女も同学院に通っている。

初の女性閣僚に

五十六歳で衆議院議員になったマサは四期目に厚生政務次官となり、一九六〇（昭和三十五）年七月の第一次池田内閣のときに、初の女性閣僚として厚生大臣に任命される。泰秀によると、大臣として初登庁したときのマサと記者とのやり取りがふるっている。

記者「池田内閣で女性大臣第一号ですが……」
マサ「二号じゃなくてよかった」
記者「大臣を拝命してどう思われましたか」
マサ「まさ（マサ）かと思いました」

「二号」のくだりは今でこそにらまれることになるが、大阪らしいウィットに富んだやり取りにマサの人柄がにじみ出ている。

マサが厚生大臣でいた期間は約五カ月間と短いが、社会福祉の充実に力を入れた。『先駆者たちの肖像』によると、マサは在任中に出した「厚生白書」で、「防衛費より生活保護費に重点を置き、福祉予算を増額すべきである、わが国の社会保障支出は欧米に比べてあまりにも低すぎる」と主張し、論議を呼んだとされている。

当時流行したポリオ（小児マヒ）に対応するため米国、旧ソ連からワクチンの緊急輸入に踏み切り、母子家庭への児童福祉手当も実現した。自由の気風に満ちていた、長崎のミッションスクールで培った人権意識が息づいていた。

「祖母の人生は、まさにドラマチックでした」

泰秀にとって自慢の祖母だ。

中山マサの像と泰秀

沖縄県民かくたたかえり

常に父親の背中を見てきた泰秀が、受け継いだことがある。

泰秀が十五歳になったときだ。

「十五歳といえば、昔でいえば成人を意味する元服の年だ。男同士で旅行にいかないか」

正暉からこう、告げられた。旅行先は沖縄だった。

泰秀にとって初めての沖縄だ。海で泳げるとただただ無邪気に喜んだ。宿泊先はリゾートホテルの先駆けだった、恩納《おんな》村にある万座ビーチホテル（現・ANAインターコンチネンタル万座ビーチリゾート）だった。

那覇空港に到着してタクシーに乗ってホテルに向かうのかと思うと、正暉が運転手に指示した行先は違っていた。

「運転手さん、摩文仁《まぶに》の丘に行ってください」

太平洋戦争で住民が地上戦に巻き込まれ、総勢二十万人が命を落としたとされる沖縄。摩文仁の丘がある糸満市の平和祈念公園には、沖縄戦没者を弔う各県の慰霊塔がある。日本陸軍の最後の司令部が設けられ、牛島満中将らが自決した地でもある。

泰秀の初の沖縄の旅は戦跡を巡る旅となった。旧かなづかいの文書も史実に詳しい正暉が解説してくれた。

特に、心に残る壕があった。旧日本軍に対して反感が強い沖縄で、数少ない県民に愛される海軍中将の大田實が拳銃で命を絶った豊見城《とみぐすく》市の旧海軍司令部壕だ。

沖縄県民の窮状を訴えた有名な電信がある。

「沖縄県民斯ク戦ヘリ

県民ニ対シ後世特別ノ御高配ヲ賜ランコトヲ」

リゾートらしく海に行けたのは、最終日だけだった。

この沖縄の旅で、正暉が泰秀に伝えたことが二つあった。

「泰秀、日本人が海をこうやって楽しむリゾート地は大抵、兵隊さんが亡くなったところだ。遊ぶ前に慰霊しなさい」

そして、もう一つは、「政治家になり沖縄からの要望がきたら、一だったら二にして返してあげなさい。百だったら二百にして返してあげなさい」。

「沖縄は地上戦で住民が巻き込まれ、たくさんの人が犠牲になった地だ。そのときの恩義に報いなさい」というのが沖縄についての正暉の教えだった。

泰秀は父から教えられたことを、実践している。長女が十五歳のとき、正暉と同様に沖縄に連れていった。このときは二人きりではなく長男、妻と家族四人で、戦跡を巡った。

大田中将の電信もかつて正暉がしたように、泰秀はその意味を壕の中で教えた。

沖縄の旧海軍司令部壕で手を合わせる中山の長男と長女

「大君の御はたのもとに死してこそ人と生まれし甲斐ぞありけり（天皇陛下のために戦い死ぬことができれば、日本人として生まれてきた甲斐があるというものだ）」

旧海軍司令部壕には、自決の手りゅう弾の跡や大田中将が残した愛唱歌も壁面に残されている。泰秀がその意味を伝えると、二人の子どもは自然と手を合わせた。

「教えたわけではなかったのだが……。おやじから教えられたことを私の子どもに継承した瞬間でもあった」

母、晴美もまた、泰秀が幼少の頃から、東京の靖国神社に泰秀を連れていき、社頭に掲げられている特攻隊員ら祖国のために命を捧げた英霊の遺書や書簡を読み聞かせてくれた。掲載物は毎月変わるため、そのたびに背景も含めて丁寧に説明してくれた。泰秀は今、それと同じことを二人の子どもにしている。

「お国のために命を懸けてくださった御霊に感謝する」

そうした両親の教えが、今の泰秀を形作っている。歴史を知る重さ、そして誰から学ぶことが重要だという思いを強くしている。

透明な海、パラオで学んだこと

中学生のとき、正暉は南洋諸島のパラオに泰秀を連れていった。沖縄よりさらに前のことだ。

複数の島で構成されるパラオの面積は四八八平方キロメートル、日本の屋久島とほぼ同じ面積を持つ。世界屈指の海の透明度でダイビングのメッカだ。正暉が泰秀に伝えた「日本人がリゾートとして訪れる地は戦争の舞台となり、多くの兵隊が亡くなっている」という教えどおり、多くの日本人兵士が命を落とした地でもある。

パラオと日本との歴史は深い。

十六世紀ごろにはスペインが来航、一八八五（明治十八）年に植民地支配したが、一八九九（明治三十二）年、ドイツの植民地に。明治政府は、日本の生産力に比して人口が多すぎると考えており、移民や欧米の植民地に後れをとってはならないと「南進論」を展開。一九一四（大正三）年、第一次世界大戦が始まると、日英同盟を結んでいた日本はドイツに宣戦布告。海軍を派遣してドイツを降伏させ、ミクロネシア、サイパン、トラック（現・チューク）、パラオをはじめ南洋諸島を日本が占領して委任統治を行った。

第二次世界大戦が始まった一九三九（昭和十四）年当時、南洋庁がおかれていた首都・コロールは海軍の重要な作戦基地だった。そのパラオの島の一つ、ペリリュー島は有数の激戦地になり、約一万人の日本軍守備隊に対し、米軍の総兵力は四万二千人。地下壕を駆使した七十四日間にわたる戦闘で日本守備軍は玉砕し、戦死者は一万人に及んだ。生き残った三十四人は終戦後も二年間戦い続けた。軍は島の住民を疎開させたことから、住民の被害は少なくてすんだ。日本語教育が行われ、現在も日本語が一部通じる親日の島だ。

戦後、慰霊の旅を続けてこられた上皇、上皇后陛下が二〇一五（平成二十七）年四月、島の平和公園内の「西太平洋戦没者の碑」に供花されたことは記憶に新しい。

国際連合の委託を受けた米国が信託統治を行う。一九八一（昭和五十六）年に、自治政府のパラオ共和国が発足。内政・外交権はパラオが持つが、安全保障は米国が担うことを、コンパクトと呼ばれる自由連合盟約で合意する。核能力を競っていた米ソ冷戦時代、パラオを含む南太平洋の島々は、米ソの原子力潜水艦の補給基地を巡って争奪戦となっており、泰秀が訪れた一九八五（昭和六十）年はちょうどその渦中だった。

パラオを訪問した際、正暉は大歓迎された。泰秀は日本人の親を持つ初代大統領、ハルオ・レメリクにも一緒に面会する。楽しい南国の島の思い出だったが帰国五日後に大統領は暗殺されてしまう。

「当時太平洋シーレーン防衛で、米国側から見た民主主義の砦が、アラスカからオホーツク海、北海道から沖縄までの日本、フィリピン、パラオだった。ソ連は、原潜寄港地を作らせないために、ちょうどバブル直前だった日本の資本を誘致、パラオを観光立国にするため、ホテル開発を行わせ、観光といったソフト面で基地反対活動を引き起こさせる作戦だった」と泰秀は語る。泰秀は中学生にして、国益をめぐり画策する謀略活動を目の当たりにしたことになる。

パラオの次の大統領も変死する。政変が続いたパラオが国連の信託統治を終了するのは一九九四（平成六）年になってからだった。このとき、国際連盟に加盟した。

「私が訪れた当時のパラオは、沖縄の状況と似ていたかもしれない」

泰秀が訪れたとき、パラオでは米軍の核を持ち込ませない非核憲法が住民投票で成立しており、港には日本語で「米原潜許さず、自治労」という看板が立てられていた。

美しい島が、熾烈なイデオロギーの舞台になっていたということが、泰秀の胸に深く刻まれた。

第7章

大きかった民間経験

パソナ勤務時代、被災地を訪れる中山

広告マンになって

中山泰秀には二度の民間経験がある。広告会社の電通と総合人材サービスのパソナだ。

電通を目指したのは、わけがある。ジョン・F・ケネディ米大統領のインタビューだった。

「ミスタープレジデント。もし、大統領になっていなかったら何になっていたと思われますか」という記者の質問に、ケネディは「世界一の広告マンになっていただろう」と答えたという記事をどこかで読んだという。

成城大学三年のときだった。そろそろ自分の進路を決め、就職活動をスタートさせるころだ。中山は考えた。世界一の広告マンとはどういう意味だろう。ケネディはそこで何を言いたかったのだろうと。

広告代理店は、顧客であるクライアントの依頼を受けてプランニングを行い、テレビのコマーシャルなどクリエイティブなものを作りだし、商品の売れ行きにつなげるといった訴求効果を生み出す。利益が生まれると、クライアントは還元し、広告会社に投資してくれる。そのサイクルが広告会社の利益も生み出す。

政治においては、クライアントは有権者、国民になる。有権者が税金で国会議員を雇ってくれる。政治家は立法や外交、社会福祉、インフラ整備など政策を実現し、有権者に還元する。有権者が納得してくれると、内閣は信任され支持率があがり、議員は再選され、内閣は支持され続けていく。

「広告業界のサイクルは政治のサイクルと重なる」。

中山は広告業界に進むことを決めた。業界の一位はどこか。それが電通だった。売り上げは一兆円規模で、世界一だった。ただ、学生の人気も高く容易に入社できるわけではない。

まずは、大学のOB訪問を行った。先輩に電話で約束をとりつけ、喫茶店で待ち合わせをした。当時はネットのエントリーシートなどもないため、電通専用の履歴書に自己PRや志望動機を書き入れ、先輩に見てもらった。

「この添削は厳しかったですよ。鼻っ柱をしっかり折られました」

五センチ×五センチほどのマスにこれまで生きてきた二十二年の人生を凝縮させなければならない。たかが二十二年。されど二十二年。自分は何者だ、と問いかけながら何度も書き直した。

面接までに、電通の会社紹介のパンフレットや募集要項を読み込み、パンフレットに掲載されていた写真の顔や名前までもしっかり頭に叩き込んだ。

面接当日、部屋に入ると、見覚えのある顔があった。パンフレットで、フランスの電通所属と紹介されていた人だった。

中山は高校三年間、フランス・アルザス地方にあった成城大学の全寮制学校で過ごしており、もちろん履歴書にはそれが記されている。

面接官にフランス留学について聞かれた際、中山は「フランス支社にいらっしゃった○○さんでいらっしゃいますよね」と名前まで正確に答えた。

面接は大成功だった。

「こいつは使えるな、と思ってもらえたのではないだろうか」

中山は合格者の二百八人の一人になることができた。

電通の研修は富士山登山に始まり、ユニークだ。十人一組に分かれ、二人の先輩がリーダー、サブリーダーとしてつく。最後にリーダーらをおもてなしするとき、彼らから「どの

電通時代、新人研修で恒例の富士登山に挑戦

チームにも負けないように」と厳命された。

「よし、伝説になってやろう」。

スーパーカー世代の中山は、車マニアのネットワークを駆使して、コーチ仕様のリムジン・キャラット・メルセデスを無償で借りてきた。シートはカルティエ、バブル経済当時で一台二千万円を下らない車だ。退社時間に社長を迎えるように中山が運転して先輩を打ち上げ会場まで送った。

「過去にこんなことをやってのけた新入社員はいないと先輩たちに言われましたよ」

先輩らの期待通り、周囲の度肝を抜いたという。

ヘッドライン代表取締役社長、一木広治は、電通で働く知人から「政治家の息子が入社したが、こいつがぶっとんでいて面白い」と泰秀を紹介されたのを覚えているという。

電通で政治家の子息は珍しくはない。このとき、中山を含め、国会議員の子息が四人いたが、中山は際立っていたという。

六カ月間で電通を卒業

電通ライフを楽しんでいた中山だったが、研修が終わるころからボタンの掛け違いを感じ始めた。

実務をしながら仕事を覚える「オン・ザ・ジョブ・トレーニング（ＯＪＴ）」でついた先輩が自分の仕事に悩んでおり、迷いを感じながら仕事をしていた。後輩の指導に熱が入るわけはなく、中山は不完全燃焼の気分を味わっていた。

あるとき、地方から二人のクライアントが「何か地元で面白い大きなことがしたい。アイデアがないか」と電通本社にやってきた。先輩と中山が応対していたが、先輩は途中で「すぐに戻ってくるから」と席を立ち、クライアントと中山が残された。しかし、先輩はなかなか戻ってこない。最初はあたりさわりのない話をしていたが、しびれを切らして中山は自分のアイデアを話すことにした。

Ｊリーグは創設期で、今ほどの人気はなかった。

「御社も、Ｊリーグのスポンサーシップをとられたらどうでしょうか。そのときには、全天候型のサッカースタジアムを作ればよいのではないでしょうか」

中山はフランスで過ごした高校時代、地元のサッカークラブに所属していた。クラブが使っていたサッカー場の更衣室には、地元出身のプロサッカー選手、ミシェル・プラティニ選手の等身大の写真がはってあり、中山を始めとするサッカー少年は「いつか彼のようになりたい」とあこがれ、練習に励んでいたことや、サッカースタジアムが小学生、中学生の世代間のつながりを作っていたことを、クライアントに紹介した。

「欧州では、一つのグラウンドがビジネス化しています。時間ですみ分けをしており、日中は小学生、夕方は社会人と、毎日フル稼働で利回りを上げている。そのうえ地域貢献にもつながる」

全天候型のスタジアムにプラネタリウムも備え、サッカーにきた少年たちはプラネタリウムで天文も勉強して、夜には実際の夜空を観るスタジアムを作るのはどうか。短い時間だったが、熱く語った中山の案を、クライアントも熱心に聞いてくれ、「社長に報告します」と盛り上がった。しかし、結果は先輩に叱られることに。脱力感を味わうことになった。

「希望していたクリエイティブ部門（コマーシャルなどを作る部門）に配属されなかったことや、父の事務所の秘書がちょうど辞めたことなども重なり、退職を決心した」

最低でも三年は勤めるつもりだったが入社した年の十月、約半年で退社にいたった。


電通時代に、自身がプライベートで企画して大成功したイベントがある。バブル経済が崩壊したとはいえ、まだマハラジャなどの大型ディスコが流行していた時期だった。東京都港区にあった一階から七階まである大箱のディスコ「芝浦ＧＯＬＤ」を貸し切りにして、マスコミに就職した入社一年目の若者を対象に「同期なら何人誘ってもよい」としたイベントを企画した。イベント名は、「まぐわい」。意味深な名前をあえてつけた。

電通の二十年先輩で新人研修中、中山がいたグループの指導を行うリーダーだった大谷秀仁は「研修の最終日、彼にリムジンで送ってもらいました。中山は営業センスがあり、性格も明るいし、広告業界に向いていた。そのまま、電通にいてもうまくやっていけたと思う。一年経たずに辞めてしまったのは残念だったが、支持者がクライアントか国民かということで、広告マンと政治家はコミュニケーション能力という点では共通点がある。政治家として、素養を存分に生かしてほしい」と話している。

二度目の民間、パソナ――出会いはスポーツジムだった

二〇〇三（平成十五）年の衆院選で大阪四区から出馬して比例復活で初当選、二〇〇五（平成十七）年の小泉元首相が突然解散した郵政選挙では、ライバルに大差をつけて勝った中山だったが、二〇〇九（平成二十一）年の第四十五回衆院選で落選する。このとき、民主党が圧勝して政権交代が行われた。そんな折、縁があったパソナに入社することになった。

パソナグループ代表の南部靖之との出会いは十八歳、大学一年のときに遡る。

麻布十番にあったスポーツジムに通っていた中山は、ロッカールームでよく南部を見かけていた。しかし、肩書がない更衣室だ。「よく顔を合わすな」という程度だった。

ある日、ロッカールームで南部が大阪弁で聞いてきた。

「君、学生やろう。ここのプール、一方通行？　それとも一レーンを往復で泳ぐのかどっちやろう」

「はい、一方通行です」

「あぁよかったわ。恥ずかしくて誰にも聞かれへんかってんやぁ。聞けてよかった。ありがとう」

それが初めての会話だった。とはいえ、お互い誰か知らないまま時間は過ぎていった。

再接近したのは、ベンチプレスだった。インストラクターの男性から、「ジムの大会があるから出場してくれないか」と誘われた。

気乗りがしなかったが「みんな出場するから」と熱心に誘われ、仕方なく出場することにした。大会といっても、自分が何キロ持ち上げられたか記録をつけ、壁に張り出す方式だった。中山ともう一人、「南部」という名前だけがあり、中山は一日おきにクラブに通い、記録をつけていた。

最終日となる当日。

ロッカールームで水泳レーンについて中山に質問してきた男性がいた。

「なんや君か。よし、今日は勝負やぁ」

たくさんの人がエントリーしている大会といいながらも、出場者は中山と南部しかいなかった。インストラクターにだまされたとはいえ、記録を競う最終日だ。その場でベンチプレスの重さを競うことになった。結果は〇・五キログラムの僅差で中山が南部に勝つことに。

「今から思えば南部さんは若者にわざと負けて夢を持たせてくれたのではないか」と中山は思っている。

このときも、南部が何者か中山は知らない。知るのは大学三年のときだ。就職活動の後にジムに立ち寄ったためスーツ姿だった中山と南部がエレベーターで一緒になった。

「いつも、きちゃない格好をしているのに今日はスーツを着ているね。どうしたんや」

「今日は就職活動で、ＯＢ訪問をしてきました」

「そう。頑張っているな」

そう声をかけた南部は、自分の会社の名刺を中山に手渡した。会社名はパソナ前身のテンポラリーセンターだった。

それからしばらくして、再び、中山と南部はエレベーターで顔を合わせる。

「この間、声をかけてくださってありがとうございます。おかげで無事、就職が内定しました」

「よかったじゃないか。どこに決まった?」

「電通です」

そこから家族や出身地の話になり、正暉とも面識があった南部が社内の勉強会に声をかけてくれるなどして、親交が始まった。

「南部さんとはジム友から始まった。私にとっては、少し年が離れたお兄さんのような存在だ」

当時、南部は自身が「人生の三人の師」の一人として名前をあげている、ノンフィクション作家の石川好を囲んだ月に一度の勉強会「石南会」(石川と南部の名前を一字とった会)を催しており、中山は学生時代から参加するようになった。

代表補佐で学んだこと

「これから、政治に最も重要な雇用と経済について勉強したらいい」

入社後、中山は代表補佐として様々なプロジェクトに関わった。

パソナは、南部が主婦の再就職を支援するためにベンチャーで起こした総合人材サービス会社だ。〝新入社員〟となった中山は約三週間の社員研修も受けた。その際、パソナに派遣登録している人たちにその理由を聞いてみた。

「子育てや介護など、自分のライフスタイルに合った働き方がしたかった」

派遣は正社員で働きたいのに働けないというイメージが強いが、中山が出会った人たちは、介護といった家庭の事情や、したいことがあるといった理由で一日の勤務時間を自分で決めて働くことを望んでいたという。

当時、経済はどん底だった。二〇〇八（平成二十）年九月に米国で発生したリーマン・ショックの後、世界規模で金融危機が起き、深刻な景気後退に陥る。二〇〇九年を底に回復に向かったが、その年の十月にはギリシャの債務問題が顕在化して、世界経済は失速。日本もその影響で二〇〇八年半ばから実質国内総生産（ＧＤＰ）はマイナス成長に。日経平均株価も二〇〇九年三月に七千円台を記録した。大学生は就職難にあえいでいた。

落選はしたが、事務所を続けていた中山のもとを、地元のおばあちゃんらが毎日といっていいぐらい、就職浪人となってしまった孫のために「なんとかしてほしい」と訪れた。それほど、経済は悪化していた。

そこで中山が感じたのは就職制度の欠陥だった。学校を卒業して就職浪人になると、いきなり無職になってしまう。

「履歴書の経歴に無職の時期があると、企業の採用担当者からどうしても落ちこぼれのように見られてしまう。卒業後三年以内は新卒扱いという建前はあったとしても、新卒者と比べると不利になってしまう」

被災地松島市で慰問のミニコンサートを開催した

キャリアブランクを解消するために、パソナで二〇一〇（平成二十二）年から始まったのが新卒未就労者を対象にした「フレッシュキャリア社員制度」だった。

最長二年間、パソナやパソナのパートナー企業（顧客）で就業しながら、実践力を養うために必要なスキルを身につける研修を無料で受けることができる。

社会人としてのマナー、電話対応、名刺交換の仕方、自己紹介の仕方、パソコンのスキル、発声方法……。多岐にわたる研修内容だった。

研修の校長を任され、中山は政治について講義した。

「一般的に新入社員は試用期間があり、企業は新入社員に研修を行うが、それをパソナが代行する。パソナのパートナー企業に実践をかねてこのフレッシュキャリア社員制度の社員を紹介したところ、研修を受けてすでに実務の力があるため、そのまま企業の正社員になる人たちも輩出できた」

中山を頼ってきたおばあちゃんにこの制度を紹介したところ、この制度で受けた研修のおかげで面接のスキルがつき、孫が就職できたと、喜んでもらえたという。

東日本大震災で仕事のマッチング

二〇一一（平成二十三）年三月十一日に、東日本大震災が起きる。死者・行方不明者を合わせ二万二千人にのぼった未曾有の災害に、パソナグループは社員を被災地に送り、救援物資などの支援活動とともに、働く場所を作り出す事業に乗り出す。

災害対応については、一九九五（平成七）年一月十七日に発生した阪神淡路大震災のときの経験が生かされていた。このとき、パソナは全社をあげて支援物資を届けたり、ボランティアを現地に送りこんだ。南部は当時、米国で生活しており、仕事でイタリアにいたときに故郷神戸の惨状を知る。震災から三日後に被災地に入った南部は、工場やオフィス、店舗などが被災し、数十万人に及ぶと推定された失業した被災者のために、無料就労相談の「パソナワークレスキュー」を開設するほか、雇用を生み出すために、神戸ハーバーランドの西武百貨店跡地に大型商業施設「神戸ハーバーサーカス」をオープンさせ、神戸復興プロジェクトとして五年間で五万人という雇用創出目標を打ち出した。

東日本大震災で大きな被害を受けた宮城県石巻市で市長と面会した

東日本大震災でも、阪神淡路大震災と同様の問題が発生していた。津波に襲われたエリアでは工場などが流されてしまい、被災した人たちの働く場がない。しかし、津波を免れた工場では被災で社員を失っていた。このミスマッチを解消するために「パソナ震災ワークレスキュー」として職業マッチングを実施。東北を代表する祭りを集めた「東北六魂祭」も支援する。中山はこれらのプロジェクトに関わった。

「ソーシャルビジネスという言葉があるが、パソナはそういう意味で、社会企業だった。そこで働けたことは大きかった」

中山は振り返る。

大手町で稲刈り

パソナといえば、東京のど真ん中での稲刈りの印象が強い。

二〇〇五～二〇〇九年、農業分野での雇用創造に向けた情報発信として銀行の地下金庫跡で稲作を行い、多くのメディアに取り上げられ、パソナの業務形態は知らなくても大手町の稲刈りの企業ということで全国に知れわたっていた。しかし、ビルの賃貸契約の更新で本社ビルの移転をしなければならなくなった。このため、中山は南部から「稲刈り」の次のアイデアを求められた。

様々なアイデアを出しあった末、今度は地下ではなく、「アーバンファーム」として一階に照明を使った田んぼを作り、通行人が外から見ることができるようにした。パソナといえば大手町の「田んぼ」というイメージを踏襲してバージョンアップすることにしたのだ。稲刈りのときにはゲストが収穫。そのお米でおにぎりを作ったりもした。

中山は二〇一二（平成二十四）年の総選挙に出馬、自民党が政権を奪回、比例復活で議員に戻る。パソナでの勤務は約三年三カ月。南部が言っていた「雇用と経済」を現場で学ぶよい機会となったという。

南部は新型コロナの渦中、パソナの本社機能を二〇二四年五月末までに淡路島に移すことを発表した。働き方改革が叫ばれる中、大手のパソナの決断は衝撃を持って報じられた。

中山は「パソナは二〇〇八年から、独立就農を支援する農場であるパソナチャレンジファームを、淡路島に立ち上げていた。南部さんらしいな、と思った」と語る。

第８章

明哲保身の神髄

選挙で、支持を訴える中山

七光りではなく二十八光り

中山についてまわっている言葉がある。

「親の七光り」「世襲議員」「お坊ちゃん」。

選挙戦で、常に対立候補から言われてきた枕言葉だった。中山の政治家人生は、常にそれとの戦いであったといってよい。

象徴的な出来事があった。

衆院選の公示日。二人の応援弁士が前座を務めていた。主役の中山が第一声を発しようとしたまさにそのときだ。

「親の七光り、親の七光り、親の七光り！」

やじりながら前を横切る男の声が大きく響いた。

候補者の第一声を待って周囲が静かになっていたときだったためその声はよく通った。出陣の熱い雰囲気は、一気に冷水を浴びせられたようになった。支持者らは固唾を呑み、中山を見つめていた。

去っていく男に、中山は壇上から呼びかけた。

「あなた、ちょっと待ってくださいよ。今、親の七光りと言いはったけど、祖母、祖父、おじさん、おやじも国会議員でした。四かける（×）七で二十八。七光りではなく二十八光りですよ」

男は中山の方を振り返ることなく、一目散に逃げ去った。そこですかさず、中山はこう言い放った。

「皆さん、二十八光りの私の光が余程まぶしかったのでしょう。逃げてしまわれました」

当意即妙な中山の言葉に、集まった支援者らから大きな拍手が沸いた。

「あのときはわしら、青うなりましたわ。すごいなと思うた」

あの場にいた支援者らは冷や汗をかいただけに、この出来事は今も語り草になっている。

とはいえ、世襲批判は、中山にとって重くのしかかっていた。だからこそ、中山は初の国政選挙で出馬、落選した直後に自民党からの要請で出馬した二〇〇一（平成十三）年の大阪府議選補選で「応援演説に行こか？」という父、正暉に、「世襲と言われて票が減ってしまう」と拒否した。しかし、ここでも落選する。

「どんな子どもにも親がいる。その親を否定して自分を売り込もうとしたらあかん。有権者は、親子の絆に一票をくれるんや」

正暉は今もこのときを思い出すと、小言が出てしまう。

今の中山はふっきれている。

「よく世襲と批判されるが、僕は世襲議員ではなく、筋金入りの自民党の議員だ。祖父母の代から三代続いた自民党なのだから」

中山が誇りに思う一枚の写真がある。

中山の祖父、福蔵を真ん中にして鳩山一郎、牧野良三、林譲治、花村四郎、紫安《むらやす》新九郎といった面々がずらりと写真におさまっている。一九四五（昭和二十）年の秋、日本自由党の大阪支部発足のために大阪入りした鳩山らが、東大阪市牧岡にあった中山福蔵の別荘に集まり、福蔵に新党結成への参加を要請したときの写真だ。

福蔵の別荘に集まった鳩山一郎ら

伯父の太郎が、祖父の福蔵について著した『福蔵どん　中山福蔵の生涯』（中山太郎後援会）でこのときの事をこう記している。以下、抜粋する。

「鳩山氏は政友会系、福蔵は民政党系である。その二つの政党は、主張を異にして、ずっと対立してきたという歴史がある。福蔵は、鳩山氏の申し出を受けるべきかどうか、しばし躊躇した。だが、鳩山氏の一言が、福蔵のとまどいを吹き消した。
『この敗戦の廃墟の中で、憂国の士が一致団結して日本再建に邁進すべきではないか』
福蔵は参加を決意した。ここに、福蔵の戦後史の一歩が印された」

一九五五（昭和三十）年六月、自由民主主義勢力を結集させるため、民主党の鳩山、自由党の緒方竹虎が党首会談。同勢力の動きが強まり、同年十一月十五日、東京・神田の中央大学講堂で結成大会が開かれ、現在の自由民主党が誕生、いわゆる五十五年体制がスタートする。

中山は「祖父、福蔵の別荘が戦後の政治の歴史の一ページの舞台になったことを誇りに思う。政治家としての使命感を担っていると感じている」と話す。

政治家と議員の違い

「政治家と議員という言葉を使い分けるようにしている」

父、正暉は小選挙区での落選はあっても比例で復活し落選の経験がない。一方、中山は政治家一家のサラブレッドで苦労なく当選したと思われがちだが、落選を何度も経験してきた。だからこそ、身に染みているのが議員と政治家の違いだ。

「政治家というタイトルを名刺に書こうと思えばいつでも書けるが、議員は、自分だけがなりたいと思ってもなれない職業だ。本人の意志と、有権者である他人がならせてあげようという、その二つが重ならなければなれない」

中山は電通、パソナと通算約四年の民間経験以外、正暉の秘書などをして永田町で暮らしてきた。正暉について北朝鮮を訪問したことは三度。政治家の父の背中を見て感じていることがある。

「息子として私は百点満点ではないが、親を思い、親に対する忠義心を忘れず、国を思える人間になるという精神は、おやじが作りあげてくれた」

永田町は、議員を目指す、目指さないにかかわらず、親が政治家であるいわゆる二世、三世は珍しくない。秘書を入れれば数も多く、「村社会」という。

あるとき、中山は「二世会」があるから来ないかと誘われたが、参加しなかった。政治家一家で育ったことに誇りはあるが、それを理由に群れるのはいやだった。

親子鷹でやってきた正暉と泰秀

議員ではない自分を奮い立たせるアイデンティティを証明したかった中山は、一九九四（平成六）年から導入された政策担当秘書の試験を受け、資格をとった。

「世襲、世襲と批判されるが、私はそうではない人がうらやましい。世襲だとうまくいったら親のおかげになり、失敗したら自分のせいになる」

本音を垣間見せる。しかし、それは力にもなってきた。自分では変えられない出自との戦いで、悔しさを闘志に変えて当選を重ねてきた。

モットーは「議員である前に良い政治家であること、良い政治家の前に良い人間であること」だとする。

「落選して議員ではなくなった時代もあるが、負け惜しみではなく政治家としてのプライドは失わなかった」

美容の草分け、ヤマノグループとの絆

「二世、三世というのは外から見れば簡単に見えるかもしれないがどんなに大変か……。本人でなければわからないことがある」

日本初のパーマ技術指導者で、日本美容界の開拓者でもあった美容家、山野愛子の孫の山野愛子ジェーン・学校法人山野学苑理事長は話す。

十六歳で「髪結い」として美容院を開業、日本の美容業界の礎を築いた祖母の山野愛子と中山家との関係は、初の女性閣僚として厚生大臣を務めた中山マサの時代に遡る。女性の政治家の草分けであるマサと山野愛子は、一時代を切り開いた女性としての苦労も含め、同志のように通じることもあっただろう。

一九五七（昭和三十二）年、日本の美容を世界に紹介する八十三日間の世界旅行を記した『美容　世界一周八十三日』（山野愛子著）の冒頭、掲載された歓送会発起人に、中山マ

サの名前がある。

マサの議員引退後もつながりは途切れず、地盤を継ぎ国会議員となった中山正暉も学校の入学式などの式典にゲストとして出席。泰秀も山野学苑のイベントに毎年、来賓として出席、学生に言葉を贈るのが恒例になっている。

山野家の伝統は長男、長女が家業を継ぐということだった。六人兄弟の一番上だった愛子ジェーンの父親、正義は米国に留学、米国の保険会社のセールスの世界に飛び込み、全米契約第二位の実績を得て家庭も築いていたが両親の要請で帰国、事業を継ぐ。孫の愛子ジェーンも十二歳まで米国で育ち、日本語もままならなかった十八歳のときに「二代目愛子」を継ぐように要請され、未知だった美容の世界に飛び込んだ。

祖母の代からの絆を持つ山野愛子ジェーン氏

「家業を継ぎ、ファミリーを大切にするというのは中山家も山野家も同じ。素敵なことだと思う」
愛子ジェーンは、時代に応じて学校のシステムを変革しようとしたが、過去のやり方を否定することになることから内部で反発され、継承しながら改革することの困難にぶつかってきた。

「私にとって守るべきものは社員であり学生。政治家にとっては国であり国民になるのでしょうか。何をやっても反対する人がいるから、大変な仕事だと思う。泰秀氏と互いの境遇について語り合う機会はまだないが、ゆっくりそういったこともお話ししたいですね」と語る。

三回にわたる中国への非難決議

中山が自民党外交部会長のとき、三度にわたり中国の行為を非難する決議を出した。

二〇二〇（令和二）年五月には「中華人民共和国全国人民代表大会における香港の国家安全に関する決定に対する非難決議」、六月には中国公船が沖縄県の尖閣諸島周辺の領海に侵入を繰り返す問題を巡る非難決議、七月に、「香港国家安全維持法の制定及び施行に対する非難決議」を相次いで出した。

最後となる七月の決議は、国家安全法が制定施行され、香港の民主化デモで逮捕者が出たことに懸念を示し、予定されていた習近平国家主席の国賓としての来日について「日本国民・企業の安心・安全を含め、国際社会からの自由、人権、民主主義の原則に対する重大な懸念が表明されている現状下では、習近平国家主席の国賓訪日について中止要請せざるを得ない」として、中止を求める決議を菅官房長官に提出した。習近平の国賓としての来日を巡っては、香港や新疆《しんきょう》ウイグル自治区などでの人権侵害などから反対の署名活動が展開されていた。

中国は非難決議案の段階で、外務省の趙立堅・報道官が「日本国内の一部勢力が、関連する話題について騒ぎ立てているのは無意味だ。日本のマイナスな誤った議論に対し、中国は厳重な申し入れを行った」と反発。決議提出後は、駐日中国大使館が「中国の内政に対する乱暴な干渉である」とする見解を発表した。

中山は、「中国外交部の報道官が、自民党の一部会の非難決議案の段階で、公に批判したのは、政治史上初めてではないか。国民の声を内外に発信できたことは大きい」とする。「明哲保身がモットー。自分の哲学について恐れず、おもんばかることなく、明らかにするのが政治家だ」と話す。

偽物と本物を見極める常識

大好きな小説がある。ギリシャ生まれで明治時代に来日、日本に永住した作家、ラフカディオ・ハーン（小泉八雲）の「COMMON SENSE」という短編だ。

あらすじを紹介する。
ある寺の住職が、寺に来た猟師に、「真夜中に寺の庭に普賢菩薩が現れるから、拝んでいきなさい」と勧める。猟師が待っていると、真夜中に、白い象に乗った普賢菩薩が現れた。住職と寺の小僧はありがたがって菩薩を拝むが、猟師は背後から一本の矢を放つ。矢は菩薩にあたり、雷鳴が起こって菩薩の姿は消えてしまった。憤る住職に、猟師は「お坊様、座禅や功徳を積めば仏が見えるといいましたが、それなら、修行をまだ積んでいない小僧や、山で獣を狩り、殺生する私に見えるはずがない。あれば仏ではなく、化け物だ」と話す。夜が明け、庭にあった血痕を追うと、そこには大きなムジナ（古狸）が猟師の矢を受けて死んでいた。

コモンセンスは「常識」と訳される。「共通の知識」の意味もあるが、この短編は「考える力」による知恵の重要性を説いている。猟師は住職の言葉を鵜呑みにせずに、おかしいと思った自分の判断で行動をとった。

「インターネットの時代、フェイクニュースは民主主義に対する最大のサイバー攻撃となる。今の時代にも通じる小説だ。ネットのない時代は、デマだった。祖母のマサは厚生大臣を務めた次の選挙で落選するがそのとき、売春防止法を作ったのはマサだというデマが流された。法律に反対する男性の票を失い、四十一票という僅差で負けてしまった」と中山は明かす。

大切なのは、常識の中の常識。なぜなら、常識は天動説、地動説のように時代によって変遷する。「至極の常識」が重要であると説く。

フェイクニュースとの戦い

「弾丸なき抗争」。父、正暉の盟友である国会議員、浜田幸一（故人）が一九八三（昭和五十八）年、佐藤栄作総理大臣の後継の座を三木武夫、田中角栄、大平正芳、福田赳夫の四人の争い（「三角大福」）などを綴った本のタイトルだ。

「浜田先生の時代、政治は弾丸なき抗争だったのだろうがネット社会の今、フェイクニュースという弾丸が襲ってくる。秘匿性の高いツイッターなどソーシャルメディア（SNS）は弾丸となり、人を死に追いやることもある。ミリタリー（軍事）の領域だけではなく、ソーシャルな面でも殺人も可能なリスクが高い戦闘領域といっても過言ではない」

中山は政治家という公人の立場から批判にさらされることは覚悟しているが、誹謗中傷の記事、ネットの投稿に対して、悪質な場合は法的措置も含めて戦い続けてきた。しかし、ネットの場合、拡散する中で尾ひれがつき、ゆがめられてしまう。元の記事、投稿が削除されたとしても転載されていればよみがえる。消すことが難しい身体の入れ墨のように、デジタルタトゥーとして残り続け、事実ではないことが捏造され、鵜呑みにした第三者が拡散してしまう。

二〇一五（平成二十七）年、イスラム国による日本人拉致事件で中山は現地対策本部長を務め、一挙手一投足が世界中から注目されることになった。報道が過熱し、評価する記事の一方で、日本国内では誹謗中傷の記事もいくつかあった。

「三世議員でお坊ちゃまだから、食事にうるさいらしく、日本に国際電話をかけて『米を送れ』なんていったらしい（外務省担当記者）」（日刊ゲンダイDIGITAL）。「パニックに陥り、職員を怒鳴りまくっていた」（プレジデントオンライン）。現在でもこうした記事が確認でき、内容の一部が中山を引き合いに出す記事で引用されるなどしている。

しかし実際はどうだったのか。「米を送れ」については、岸田文雄外務大臣が現地対策本部に差し入れを送るという連絡が東京の中山事務所にあり、中山事務所からも差し入れを送ることになった。中山は現地対策本部の職員に「何か欲しいものある?」と聞いたところ、「米が食べたいです」という職員がいた。米だけでは味気ないため、レトルトの米と中山の地元、大阪のカレーを差し入れとして送るように電話で事務所に指示したというのが真相だった。そもそも、フランスで高校生活を三年間送った中山は米にはこだわらない。

「職員を怒鳴りまくった」――。これについては、中山が声を荒げたのは現地対策本部があるヨルダン大使館からの公電を打ったときのことだった。

拉致された湯川遙菜氏の殺害が判明した後、中山は現地対策本部で緊急会議を開いた。これまで中山自身が書き留めていた気づいたことや改善すべき点などを共有したうえ、対策本部のメンバー一人一人にも、改善点を指摘してもらった。後藤健二氏の解放につなげるため、これらをまとめたレポートを大使館から外務省に公電で送り、日本の対策本部にも共有してもらおうとした。すると、外務省幹部の一人が「副大臣、文章を送られると困るのだが……」と反対した。

「一人の尊い日本人の命がテロリストに奪われてしまった。もっとできることはなかったのか。みんなで意見を出し合ったのではないか。それを止めるのは国民に対する背信行為ではないのか。みんなでまとめたのだから、多数決で決めてください」

そのうえで、「国会には傍聴席がある。この対策本部の部屋には傍聴席はないが、常に国民が見ていることを覚悟して仕事してほしいと初日に申し上げたはずだ」

中山はその場にいた職員全員にこう告げた。

反対した幹部は報告が大使館の非になりかねないことを懸念したとみられる。多数決では、この幹部以外の全員が公電を打つことに賛成したという。

中山は帰国後、「ヨルダン発！　中山泰秀外務副大臣の大暴走」というタイトルのプレジデントの記事に外務省として正式に抗議した。その結果、オンラインの記事の最後で「外務省報道課長、中東第一課長、邦人テロ対策室課長の連名で『報じられているような事実はない』と記事の訂正を求める抗議文が届いている」という文章が追加されたが、記事自体は二〇二一年八月時点、読める状態のままだ。

これだけではない。中山があたかも某女優と関係があり、その女優が逮捕されると同時に中山も逮捕されるなどと報じられた。実際はこの女優と会ったことすらない。残念ながらこうした捏造記事を信じて今も誹謗中傷する人が跡を絶たない。中山は「法律も変わってきている。法的手段も含め今後の対応を考える」としている。

選挙が近づくと「紙爆弾」と言われるライバル攻勢のため中傷ビラなどがまかれることがよくある。メディアにも投げ込まれる。今も、そうした紙爆弾工作はあるが、ネット時代、デジタルで「紙爆弾工作」が行われる。選挙が近づくにつれ、フェイクの紙爆弾は増えていくだろう。中山に対して紙爆弾の域を超えた「殺人予告」の投稿もあった。これについては警視庁が捜査にあたっている。

フェイクニュースとの戦いは容易ではない。中山は、歯に衣着せない言動からターゲットになってきた。しかし、それを恐れて自分の信念に反して、発言に躊躇したりはしない。それが祖父の福蔵、父の正暉と三代続いている中山家のポリシーだろう。

父、正暉が揮ごうした、日本最初の憲法である「聖徳太子の十七条憲法」が、東京の議員事務所に飾ってある。よく知られている一条と並び、第六条は中山の好きな条文だ。第六条を紹介する。

「第六条、悪を懲《こら》し善《ぜん》を勧《すす》むるは古《いにしえ》の良典《よきのり》なり」

意味は、「悪しきを懲らし善きを勧めるということは、古からのよるべき教えである。それゆえ、人の善行はかくすことなく知らせ、悪事は必ず改めさせよ。人におもねり、人をあざむく者は国家をくつがえす利器ともなり、人民を滅ぼす鋭い剣ともなる者だ。また、媚びへつらう者は、上の者には好んで下の者の過失を告げ口し、下の者に会えば上の者を非難する。このような人々はみな君に対して忠義の心がなく、民に対しては仁愛の心がない。大きな乱れのもととなることだ。」(「和楽ｗｅｂ」から抜粋)

第六条は、筋の通らないことは許さないという中山の人生訓になっている。

第9章

未来に向かって

英国のブレア元首相とミルケン会議で議論する中山

英語は『ビバリーヒルズ・コップ』の映画から

二〇一五（平成二十七）年四月二十七日。抜けるようなカリフォルニアの青空が広がる米国の西海岸、ロサンゼルスにあるホテル「ザ・ビバリー・ヒルトン」の会場に、中山泰秀の姿があった。横には、英国のトニー・ブレア元首相、米国のリンジー・グラハム・上院議員、ウェズリー・クラーク・元北大西洋条約機構（NATO）欧州連合軍最高司令官らそうそうたる顔ぶれが並ぶ。モデレーターは政治に特化したメディア「ポリティコ」のシニア特派員のマイケル・クローリー氏。米国の西海岸にあるシンクタンク「ミルケン・インスティチュート（研究所）」が毎年開くグローバル・コンファレンス（会議）が始まった。

当時、外務副大臣だった中山は、イスラム過激派組織「イスラム国（IS）」による日本人人質事件で、ヨルダンに設けられた現地対策本部の本部長を務めた。事件からわずか三カ月が経過したばかりだ。テーマは「グローバルリスク」だった。

「最初に、言っておかなければならないことがあります。私が英語を覚えたのは、ハリウッド・ムービー『ビバリーヒルズ・コップ』でした。英語力については不十分なことを最初に、皆さんに謝ります」

紹介されて開口一番、中山が英語で切り出した。会場となったホテルは、ビバリーヒルズのど真ん中だ。中山のユーモアに、会場は笑いに包まれた。

「ISはインターネットを活用しています。二〇〇一（平成十三）年九月十一日の米中枢同時テロのウサマ・ビンラーディンと違うところです。七十年前の戦争では、こうでした。もし、サウンドで表現するなら、ブーンヒューバーン、ヒュー（口頭で飛行機が爆弾を落とす音を表現）。今はこうです。カチャカチャ（マウスの音）。クリック一つで、破壊することができます。国対国の戦争ではなく、技術さえ備えていればたった一人でも国を攻撃できるのです。スピードがあり、限界も国境もありません」

中山はさらに、ヨルダンの現地対策本部でテロリストと直接交渉できないという先進国首脳会議（G7）での縛りがあったことや、インターネットを活用する、ルールがないテロリストに対応しなければならなかった難しさを説明、サイバースペース上に新しい冷戦構造が生まれていることなどに言及した。

〝効果音〟つきの日本人政治家のプレゼンテーションに、千人規模の参加者から大きな拍手が送られた。聴衆の席にいた、当時ミルケン・インスティチュート唯一の日本人のアジア・フェロー、田村耕太郎は、われんばかりの拍手を受けた中山の姿に安堵していた。

ミルケン・インスティチュートが主催するグローバル・コンファレンスは、スイスで毎年開かれる世界経済フォーラムの年次総会（ダボス会議）の米国版といった方がわかりやすいかもしれない。「ジャンクボンドの帝王」として名前を馳せた投資家、マイケル・ミルケンが一九九一（平成三）年に設立した。ビジネス界、政界、ファッション、アート界など様々な分野の第一人者らが集う。

元参院議員でもある田村は現在、シンガポールに在住し、ミルケン・インスティチュートのアジア・フェローとしてミルケンの会議などに登壇する日本人をコーディネートしている。中山を、二〇一五年のパネリストとして推薦したのが田村だった。

「ミルケン・インスティチュートは知る人ぞ知る米国のシンクタンクだ。年に一度のグローバル・コンファレンスには政財界の重鎮が参加する。スピーカーの条件の一つが英語力であることはもちろんだが、それだけではない。存在感、何を伝えるかということが重要になる。そうそうたるメンバーの中でネーティブではない人間が、時差というハンディを乗り越え、通訳を使わずに専門的なトピックを英語で話すには、よほどの舞台度胸が必要になってくる」
会場の「ザ・ビバリー・ヒルトン」はゴールデングローブ賞など、華やかなハリウッドのイベントに使われるホテルだ。母国語ではない英語で原稿もなく世界的大物とディスカッションするとなると、たとえ英語が得意であっても、その場の雰囲気にのまれてしまうのは想像に難くない。

中山、ブレア元首相らが参加するミルケンの会議

登壇者はミルケン・インスティチュート内部で評価され、一定の点数を得なければ、次回から招待されないという。中山は二〇一五年以降、シンガポールや東京で開催されたミルケン・インスティチュート主催のアジアサミットも含め、毎年のように登壇している。

「中山さんは、私の国会議員時代の同僚にあたる。当時、自民党の朝の部会は、長老が壇上に陣取って若手が発言しにくい雰囲気だったが、中山さんは積極的に手を挙げて発言していた印象が強い。二世、三世の議員は目立たないようにするという場合が多い中、中山さんは、政治家一家のサラブレッドともいえる家柄でありながら、臆さずに積極的に発言して、存在感を示していたのが新鮮だった」と振り返る。

田村は度胸や、議員として当選を重ねてきたキャリアなどから、二〇一五年のミルケンのグローバル・コンファレンスのスピーカーに中山を推薦した。

「最初は私がきっかけだったが、この後、継続してミルケンの会議に登壇しているのは中山さん本人の力。スピーチにジョークを交えるというのが米国では好まれる。ジョークで切り返したりするのは、語学力だけではできない」としたうえで、「主催側としては、スピーカーから価値がある話を聞くことができ、彼らと関係を築けるとともに、登壇者にとっては、国際的に認知されるチャンスにもなる」とミルケンのスピーカーになる意義を説く。

二千二百兆円の資産を運用する参加者ら

ミルケン・グローバル・コンファレンスについて二〇二〇（令和二）年に出されたプレスリリースによると、六十以上の国から約四千人を引き付け、二十兆ドル（約二千二百兆円）以上の資産を管理する投資家や、米雑誌フォーチュンが選ぶフォーチュン一〇〇の企業の経営者ら、ノーベル賞受賞者、国際資本市場の上級幹部、上級国際・米政府当局者、学識経験者、エネルギー、教育、ヘルス、電気通信、慈善事業のリーダーが参加するという。

コンファレンスに参加できる資格を得るには、最低でも二万五千ドル（約二百七十万円）の費用がかかる。それだけの費用を払ってでも聞きにくる聴衆の前で、プレゼンするわけだから、その緊張感たるや想像を絶する。

北朝鮮問題をテーマにしたミルケンの会議

俳優のトム・ハンクス、スーパーモデルのナオミ・キャンベルや、トランプ政権時代のバイデン議員、日本からはソフトバンクの孫正義、政治家でいえばクローズドセッションだったが、財務大臣の麻生太郎も参加した。

二〇二〇（令和二）年十月十九日には、菅義偉首相がミルケンのグローバル・コンファレンスでビデオ演説した。九月の国連総会に続いて、首相就任後の二回目の国際舞台がミルケンの会議だった。同年十二月九日には、ミルケン・インスティチュート主催のアジアサミットに、東京都知事の小池百合子もオンライン出演している。

ミルケン・インスティチュートはカリフォルニアのサンタモニカをはじめ、ワシントンDC、ニューヨーク、ロンドン、アブダビ、シンガポールと六か所にオフィスがある。よく比較されるのがスイスで開かれる世界経済フォーラム（ダボス会議の関係者）だ。世界経済フォーラムはスイス・ジュネーブに本部があり、一九七一（昭和四十六）年に発足。毎年一月に年次総会としてスイスの保養地ダボスで首脳や政治家、ハリウッドスターをはじめとするセレブらが参加、約二千五百人規模で開かれている。

田村は、「ダボス会議は欧州で行うことから、各国の首脳クラスの参加はミルケンより多いが、ダボス会議も今のように知られるまでに三十年ぐらいかかっている」と指摘する。

さらに、「ミルケン・インスティチュートは二〇二〇年、東京で会議を開催した。新型コロナの感染拡大による緊急事態宣言で今は開けていないが、新型コロナが落ち着けば、東京での会議を継続して開催する。日本と米国は強い絆で結ばれており、民間のシンクタンクであるミルケンの場を活用して、日米の関係を深める機会にしてもらえれば」と話す。

バイデン政権にレッドラインを問う

二〇二〇年十二月二十九日付の米紙ウォール・ストリート・ジャーナルは社説で「アジア太平洋の同盟国の一つである日本が、バイデンの台湾、中国に対するスタンスに懸念を抱いている」と報じた。バイデンの大統領就任約一カ月前のことだ。見出しで「日本」となっているのは、中山が英ロイター通信のインタビューに答えた発言を指す。

同紙が報じた中山の発言は以下だ。

「中国が攻撃的なスタンスを香港以外の地域に拡大することを懸念している。そして誰もが危惧するように、次の標的の一つは台湾だろう。バイデン氏は台湾に関して明確な政策を示していないが、聞きたい。もし、中国が『レッドライン（越えてはならない一線）』を越えるようなことがあれば、バイデン氏は大統領としてどう対応するのか」

ロイター通信は、同年十二月八日に行われたミルケン・インスティチュートのアジアサミットで、「Defusing Asia's Geopolitical Flashpoint（アジアの地政学的発火点を解除するには）」と題したオンラインの討論における中山の発言を聞き、中山を再取材して世界に発信。それを、ウォール・ストリート・ジャーナルが引用した。

この発言の背景には、米国のオバマ政権が掲げたシリアに対するレッドラインの対応が

ミルケン名物パネルディスカッション（オンライン）。
CSIS のビクター・チャ氏（右上）

ある。

二〇一二（平成二十四）年八月、オバマ元大統領は「シリアのアサド政権が化学兵器を使用することが、米国のレッドラインである。使用した場合、米国は軍事行動を起こす」とする声明を出した。翌二〇一三年八月、アサド政権は反政府勢力が支配する首都ダマスカス郊外で化学兵器を使用、サリンガスで千人を超える市民を殺害した。国際社会は、オバマがシリアへの軍事行動を起こすと思ったが、オバマは軍事行動には議会の承認が必要と「レッドライン」の方針を転換、結局、シリアを支援しているロシアの妥協案にのっとってシリアを攻撃しなかった。さらに、オバマはこれまで米国がとってきた「世界の警察官」の役割を放棄、外国での軍事力行使については多国間連携を重視する姿勢を示した。

この中東における地政学的な米国の真空状態が、過激派組織イスラム国（ＩＳ）の台頭を許し、ロシアによるクリミア侵攻を招いたといっていい。

中山は、「中東で動いたパズルが世界に影響した。二〇一五年のＩＳの日本人拉致、殺害もその一つといえる。このオバマ政権のときの副大統領がバイデン氏だった」と指摘する。

米国はこれまで台湾について明確なレッドラインを引いてこなかった。曖昧な態度をとることで、台湾の独立派・中国の強硬派双方が行動することを封じたかったからだろう。しかし、中山は「同盟国である日本、そして中国の台頭を脅威に感じているアジアを安心させるかどうかの試金石は、バイデン政権が台湾にレッドラインを明確に引くことだ」と主張し、過去のオバマ政権の轍を踏むことがあってはならないとした。大統領就任前で、バイデンのアジア政策がまだ不透明な時期であっただけに中山の発言はアジアからも注目を浴び、インドの放送局ＷＩＯＮも中山にロングインタビューをするなどインパクトがあった。

中国にとっても台湾はレッドラインである。香港の統制強化や台湾への威圧的な行動を行い、「一つの中国」政策は譲れないとしている。中国が台湾への軍事行動に踏み切るのではないか、という懸念が広がっている。尖閣諸島問題を抱える日本にとってはまさに、今ある危機（リスク）になる。

台湾は家族

中山のレッドラインに関しての発言が再び国際的にも注目されることになった。二〇二一（令和三）年六月二十八日、米国のシンクタンク・ハドソン研究所のオンラインによる英語での講演だ。

「中国とロシアが手を結び、脅威が増してきている。台湾に関して、プレッシャーを強めていることについて、我々は目を覚まさなければならない。一九七〇年代、中国の『一つの中国政策』について日本をはじめ米国、ほかの多くの国が容認してきたが、本当にそれは正しかったといえるのか、私にはわからない」と疑問を呈した。そのうえで、中山が過去に台湾は「レッドライン」と言及したことに触れ、「民主主義国家として台湾を守らなければならない」とした。そのうえで台湾と日本は「目と鼻ほどに地理的に近く、台湾に有事が起きると、その影響は地政学的に米軍が駐留する沖縄、日本に影響する。台湾は友人ではない。兄弟であり家族だ」などと語った。

すぐに英ロイター通信、米ブルームバーグ、ＵＳＮＩ（United States Naval Institute ＝米国海軍協会）プレス、台湾メディアなど多くの報道機関が中山の発言を取り上げた。

中国政府はすぐに反応。汪文斌《おうぶんひん》・外交部報道官は翌二十九日の記者会見で、「何度も台湾を国家と表現したことは、日本と中国の共同声明を含む内容に違反しており、日本政府に立場を明確にするように求めた」として、厳重に抗議したことを明らかにした。

中山は「共同声明に反しているという中国こそ、香港返還についての英中共同声明を反故にして香港を前倒しして統治し、なおかつ国際条約に違反する行為をしている。また、世界に対して約束した一国二制度を自ら崩壊せしめ、世界との約束を破り続けている。その歴史的事実に対する裏切りを許せる者は、世界の自由民主主義を愛する者の中にはいないのではないか」と反論する。

ハドソン研究所のオンライン講演。ケネス・ワインシュタイン所長と中山

ロサンゼルス市長への手紙

中山は二〇二一年三月、米国・ロサンゼルスのエリック・ガルセッティ市長に現地の日本総領事館を通じて一通の手紙を英語で出した。

「親愛なるエリックへ。ロサンゼルスの地元の韓国メディアが、あなたが『ロサンゼルス市は日本軍の過去の蛮行に断固として反対する』とコメントし、ハーバード大のマーク・ラムザイヤー教授が『慰安婦』問題について書かれた論文についての批判に加わったと報じています。この記事を読んで驚きました」としたうえで、中山は、韓国コミュニティからの個人的なメールが韓国のメディアに流されたことで日本と韓国のコミュニティの分断をうむ可能性があることを指摘。「ラムザイヤー教授の論文を学問的見地から批評するのではなく、謝罪と撤回を求めていること」に懸念を示し、日本や米国のような民主主義社会では、学問の自由を重んじ、アカデミアの世界で感情的な批判は存在しないことに改めて言及した。

ラムザイヤー教授は二〇二〇年十二月、慰安婦が、当時の日本政府規制下で認められていた公娼制度の延長線上の存在であることを理論的に示した学術論文を発表したところ、韓国社会で一般的になっている「日本軍の慰安婦は軍の強制連行による性奴隷だった」説を否定した内容ということで大きく取り上げられることになった。韓国内の反発は強く、ハーバード大の韓国人留学生や在米韓国人コミュニティの間で、教授の辞任や論文の撤回を求める活動が起きている。

ロサンゼルス中央日報はガルセッティ市長が「ロサンゼルス市は日本軍の過去の蛮行に断固反対する。日本軍による女性の人身売買は人権侵害だ」などと発言し、ラムザイヤー教授の糾弾を支持したなどと報じた。

ロサンゼルスでは、韓国人コミュニティが積極的に活動しており、ロサンゼルス近郊のグレンデール市の公用地に二〇一三年、慰安婦像が設置され、撤去を求めて裁判が起こされた。サンフランシスコ市でも、「慰安婦」を「性奴隷」と記した碑文や像を公共化した。

自身のラジオ番組「やすトラダムス」でライブで情報発信する中山

「ガルセッティ市長とは個人的に親しい。ロサンゼルスで韓国コミュニティの力が強いのは理解しているが日系コミュニティもある。市長の見解は双方のコミュニティの分断をうむ。ラムザイヤー教授の論文に批判があるのであれば、それは学問の言論の自由の中で行うべきだ。政治家が加担するのはどうかと、友人として喚起したかった」

ガルセッティ市長からは「あなた（中山）が歴史を説明してくれたことに真摯に感謝する」という返信が届いた。

「外交は個人のチャンネルも大切だと思う」

中山は発信の理由を話す。

韓国には、自国兵が加害者になった歴史がある。ベトナム戦争のとき、派遣された韓国兵が現地の女性に性的暴行を働き、虐殺したとされる。二〇二〇年三月に英国の公共放送である英国放送協会（ＢＢＣ）は特集で、韓国は自国兵の行為について謝罪をしておらず、韓国軍兵に暴行されて生まれた子どもはベトナムで、「ライダイハン」という蔑称で呼ばれ、差別を受けてきたと報じられた。その数は五千～三万人に上るという。日本の「慰安婦」問題について韓国が求めていることと、ライダイハン問題に対する韓国自身の対応は矛盾したものになっている。

英国では「ライダイハンのための正義（Justice for Lai Dai Han）」という民間団体が被害にあった母親と子どもをモチーフにした像を設置。国連人権理事会による調査や韓国側の謝罪を求め、活動している。

中山はこの団体の事務局と連絡をとり、情報収集をしているところだ。日本でできることを模索している。

選挙区はニューヨーク

中山が安全保障や外交に一家言あることは、自他ともに認めるところだろう。ただ「安全保障や外交が票にならない」と、選挙を取材するとよく耳にする。米国で幼少期を過ごしており、英語はネーティブ並みという都内選出の国会議員が「英語を話せることが有権者にアピールすることはありません。マイナスになるリスクはあっても、プラスになることはほぼない」とこぼしていたのが印象的だった。

地方に行けば「この道路は〇〇先生が作った」「この橋は〇〇先生がかけてくれた」といった説明を聞くこともあれば、国会議員本人が自身の実績としてアピールすることもある。地方であればあるほど、そうした傾向が強い。

地元の声を国会に届ける。これも重要な国会議員の役割だ。新潟選出の元首相、田中角栄は高速道路などのインフラや新幹線の整備をして利益誘導と批判された。しかし、雪深い地方で、東京に声を届け、公共事業を持ってきてくれる政治家は地元にとって、たとえ「利益誘導」という批判があったとしても「おらがまちの国会議員」として頼もしかっただろう。

議員は地元の要望に応え、それが支持基盤につながっているのが日本の選挙の典型だった。

一方、中山の選挙区である大阪四区。前回の二〇一七（平成二十九）年の衆院選では、「小選挙区比例代表並立制」が導入されて以来、連続当選者がいない「魔の四区」と産経新聞のオンライン記事が報じていた屈指の激戦区だ。二〇一七年の衆院選では中山が制し、「魔の四区」ではなくなった。

中山は「私の選挙区はニューヨークのようなところだ。田んぼも畑もない。地方が生産、サプライヤーサイドとすれば、大阪のような都会はコンシューマー（消費者）サイドとなる。生産者と消費者は本来持ちつ持たれつのはずだが、政治が絡むと対立構造になりがち。消費者あっての生産者、生産者あっての消費者。互いの良いスパイラルになることを目指し議員、政治家として地元大阪に向き合ってきたのが中山家だ」と言う。

父親の正暉は「三代で事をなす」と語る。中山泰秀は政治家三代目だ。地方選挙を含め、三度の落選を経験し、当選回数を重ねてきた。「世襲」という呪縛から解放されて然るべきだろう。

衆議院議員の任期が近づいている。総選挙がいつかこの本の執筆の時点ではわかっていない。選挙は戦争だ。中山は二〇一五年、ヨルダンのアブドラ国王に渡したものと同じ黒本尊の「勝運」のお守りを胸に、戦いに挑む。

第10章

安倍晋三前首相と語る

対談後の安倍前首相と中山

新型コロナのワクチン最前線に立つ自衛隊

安倍晋三前内閣総理大臣と中山泰秀防衛副大臣との対談は二〇二一（令和三）年七月六日、衆議院議員会館で行われた。（以下、敬称略）

安倍前総理大臣

安倍　中山さんは防衛副大臣として、新型コロナのワクチンの自衛隊大規模接種センターの本部長として大変重要な役割を担われました。自衛隊は、日本の安全保障を担う組織です。災害のときにも国民の命を守るために頑張ってこられ、そうした活動によって国民の信頼を勝ち得てきました。今回のパンデミックも国民の命に関わることです。ワクチンの大規模接種に活用し、接種のスピードをアップし、国民の日々の平穏な暮らしを取り戻すために必要なことだったと思います。その本部長は大変なプレッシャーだと思いましたが見事にやり遂げられていると思っています。

一部報道機関が愉快犯的に違う番号を入力して、システムに不備があったと批判しました。しかし、まさに走りながら考えていかなければなりません。全部整えてからスタートするとなると一カ月、二カ月、三カ月と時間がかかり、今度はその遅さについて批判されます。まず、スタートさせた判断は正しかったと思います。私自身、（愉快犯的な）報道についてはフェイスブックやツイッターで批判させていただきました。模倣犯が出現したら支障がでます。

中山　きちんと指摘しておいた方がよいとおっしゃっていただき、岸信夫防衛大臣と一緒に、メディアの対応について示すことができたと思います。

接種予約の不備が批判されましたが、防衛省は、自動的に何千ものスロットで（予約が）行われるサイバー攻撃にきちんと備えていました。サイバーについて詳しい人であれば、防衛省、自衛隊がやるべきことをきっちりやっていたと思っていただけたかと思います。

中山防衛副大臣

――中山副大臣は自衛隊の大規模接種センターの本部長ですが、二〇一五（平成二十七）年、安倍首相時代、イスラム国（IS）に日本人が拉致されたときには現地対策本部長でした。

安倍　中山副大臣は党内きってのイスラエル

通ですから、二〇一五年の中東訪問では、イスラエルに行ってもらいました。そこで、ＩＳによる日本人拉致と身代金要求の動画が公開され、中山副大臣に現地の本部長になってもらいました。あのときは緊迫していましたね。

中山　私は国際再生可能エネルギー機関（ＩＲＥＮＡ）の会議で宮沢洋一先生とアラブ首長国連邦（ＵＡＥ）からイスラエルに入りました。イスラエル滞在三日目の朝に総理に呼ばれました。世耕官房副長官が一緒におられ、ＩＳが公開した動画の静止画像を見せられました。そこでヨルダンに設置した現地対策本部の本部長をやるようにと指示を受けました。総理と一緒に政府専用機で帰国するはずでしたが、そのままヨルダンに飛びました。

安倍　ヨルダンのパイロットもＩＳの人質になっていました。ヨルダンの国王には様々なルートを使って、拉致された日本人のために尽力いただき、感謝しています。あのときは大変だったと思います。

中山　使命感に燃えていました。あのとき、ヨルダンの国王は拉致された日本人についても自国のパイロットと同様に扱ってくださいました。ヨルダン国民からは素晴らしいと称える声と、日本人を助けようとするのは日本から援助をもらおうとしているからではないのかという声がありました。ＩＳがヨルダン国内で政権を内から倒そうとして日本人拉致事件をプロパガンダに使っていました。これもテロの卑劣な謀略でありやり方です。それを目の前で見て、負けてはならないと思いました。
現地に十七日間いましたが、その間ベッドで横になったのは三日間ぐらいでした。スタッフも私も倒れてしまっては元も子もないので、本部でシフト制を敷いて二十四時間対応にあたりました。今回は、人生二度目の本部長になります。

安倍　それぞれ難しい本部長になりますね。

中山　どちらの本部長も人命にかかわり、重責を担わせてもらいました。党内では議員二期目から治安対策特別委員会を希望して務めさせていただきました。外交安保といったフィールドでこられたのはありがたいと思っています。

安倍　（本部長の任は）成功して当たり前で、一から十のうち八で合格ですが、その足りない一、二について批判されるのが常ですので、頑張られたと思います。

G7サミットで台湾海峡が明記

――二〇二一（令和三）年六月に英国で行われた主要七カ国首脳会議（G7サミット）で、台湾海峡の平和と安定の重要性が明記され、中国の巨大経済圏構想「一帯一路」に対抗する途上国インフラ支援が提唱されました。中山防衛副大臣は米国のシンクタンクの講演などで、台湾海峡におけるバイデン米政権の外交姿勢を問うたり、台湾有事に関して「民主主義国家は民主主義国家を守らなければならない」などと発言し海外のメディアにも取り上げられました。麻生太郎副総理兼財務大臣も、台湾海峡情勢が悪化した場合は集団的自衛権を行使できる「存立危機事態」にあたると発言されています。

安倍　（二〇二一年四月十六日の）日米首脳会談で「台湾海峡の平和」が明記されたことの意味は大きかったと思います。佐藤＝ニクソン共同声明（一九六九（昭和四十四）年十一月）で台湾についての記述があります。この共同声明は、沖縄が日本に返還される際に台湾について明記することで、台湾海峡を含めた極東の安全のために米軍基地を使うということが書かれたという意味がありました。今回は、日米が協力してこの地域の平和と安定を守っていくとコミットメントを示しました。日本が主体性を発揮し、米国とともに行動することを明確にしました。その裏付けとなっているのが平和安全法制だと思います。

台湾有事になれば、与那国、尖閣はもちろんですが先島諸島（宮古列島と八重山列島の総称）は日本の有事になります。麻生副総理が指摘されたように（台湾海峡に有事があれば）重要影響事態からさらに存立危機事態になっていくのだと思います。G7でも台湾海峡についてそれを明記しました。これについては中山副大臣も努力されたのだと思います。

中山　ありがとうございます。

安倍　G7で明記するためには、欧州の国々に理解してもらわなければならず意外と難しい。欧州にとって中国と台湾は遠く、彼らにとって中国は経済的に魅力があります。昨年暮れ、香港の人権が問題になっているとき、欧州連合（EU）はメルケル・ドイツ首相が議長でしたが中国と貿易協定を結びました。しかし今、新疆ウイグル自治区での人権侵害でEU議会での批准が止まっています。菅総理はじめ鈴木浩外務審議官ら日本勢がEUを説得しました。これは大きかったと思います。

我々が主張してきた「自由で開かれたインド太平洋」という考え方があります。第一次政権のとき（二〇〇七（平成十九）年八月）、インド国会で「二つの海の交わり」という演説をしました。そのとき、初めてインド太平洋という地政学的概念を示しました。海を通じて人が交流して交易が盛んになり、人々が新たな富を生み出すことができます。そのためにも海は公共財として自由で開かれたものにならなければならないし、自由で開かれた秩序を守る上で国際法がしっかりと執行されなければいけないわけです。第二次政権の二〇一六（平成二十八）年、ケニアで開かれたアフリカ開発会議（TICAD）で、「自由で開かれたインド太平洋戦略（Free and Open Indo-Pacific Strategy）」を、当時は戦略といっていましたが世界に問いました。①自由民主主義、②人権、③法の支配という三つの基本的価値を普及、定着させることが大切です。この地域にインフラ需要があるわけですが、インフラ整備を通じて、経済発展をみんなで追求するのです。法執行能力の向上のために支援もしました。そうでなければインド太平洋を守れません。

これは排他的なものではなく、「この海は俺のものだ」というのはダメだということです。「インド太平洋」は今や米国の戦略にもなり、以前はアジア太平洋軍でしたが、（トランプ政権時に）インド太平洋軍に変わりました。ドイツも、「インド太平洋戦略」を発表するようになりました。また、日米豪印戦略対話（Ｑｕａｄ）の基本的価値を共有する国々が連携されているのは素晴らしいことです。

中山　航行及び上空飛行の自由、その他の適法な海洋利用の権利を侵害しうる過剰な主張に対抗する活動として米国の「航行の自由作戦」もどんどん行われています。今年五月、自衛隊と米国、フランス、オーストラリア各国軍は九州や東シナ海で離島防衛訓練を行いました。鹿児島の離島をオーストラリア、フランスの大使も視察されました。

安倍　大切なのは多くの国々がコミットすることです。英国が空母「クイーン・エリザベス」を中心とする打撃群を日本に初めて寄港させますね。大きな意味があります。

当初は、空母「プリンス・オブ・ウェールズ」の予定でしたが太平洋戦争のとき、マレー沖で日本の連合艦隊に撃沈されたのが同じ名前の戦艦です。このためかどうかはわかりませんが、「クイーン・エリザベス」になりました。

中山　軍事を抜いた政治は楽器を抜いた音楽です。地政学的に距離がある英国、欧州が、太平洋のこの地域にプレゼンスを高めようとしていることは大変意義があると思います。同時に相矛盾しますが、サイバーなどを考えれば距離感が無関係の時代にもなりました。

経済安全保障と対中国包囲網

安倍　経済安全保障の重要性は二つの意味があると思います。サプライチェーンの重要性と最先端技術を守るための管理です。安倍政権のときに国家安全保障会議（ＮＳＣ）を作りましたが、ＮＳＣは、新型コロナ感染拡大前から経済安全保障に注目していました。これまで安全保障という認識がなかった役所も安全保障という考え方をベースにして政策立案をはかっています。

ＮＳＣは、外交、軍事、情報とこれまで別々だったものを官邸に集約し、外交的優先順位をつけ、国家安全保障戦略を初めて作りました。岸信介内閣のときの「国防の基本方針」（一九五七（昭和三十二）年）以来になります。それまではありませんでした。

中山　経済安全保障において日本は、デジタル革命や経済のグローバル化、気候変動が進んだことによる災害対応など、より広い領域をカバーした上で政策を進める必要があります。また新型コロナ後の新たなパンデミックに対するリスク回避対応も視野に入れ、治療薬やワクチンの開発から製造までを国内でしっかりと完結できる仕組みづくりを進めなければなりません。

昨年二月、ＢＳフジの報道番組に出演した際、まだ新型コロナウイルスの脅威が認識されていないときでしたが、サプライチェーンが寸断されたときもビジネスを行えるよう克服する知恵を手当しなければならないことを指摘しました。改めて「メイド・イン・ジャパン」の再構築をしなければならないと思います。経済合理性だけでアウトソーシングしていると、日本の根のはったものがなくなってしまいます。それで日本国民が本当に幸せかどうか……。民主主義国家どうしのサプライチェーンアライアンスを同時に構築していかなければなりません。

経済安全保障政策を考える上で大事なのは、私たち自身の「自己防衛意識改革」だと思います。脅威に対して、現実的で経済合理性に見合った形での「オールジャンル・マルチディフェンス」を確立させなければならないと思っています。

――経済安全保障は、対中国包囲網という意味もあるのでは。

安倍　包囲網というより、結果として包囲されているということが大切です。つまり、「自由で開かれたインド太平洋戦略」という考え方にのっとっていただければいいということです。我々は、中国の「一帯一路」に対して日本独自の立場を取りました。頭からは拒否もしないが、どっぷりと参加することもしない。アジアやアフリカでインフラ需要がありますが、先進国が十分に応えられていないかもしれない。「一帯一路」に日本が「ノー」といっても、参加する国は増えていきます。そこで、我々は、「質の高いインフラでなければならない」としたわけです。最初、中国は反発しました。しかし、質の高いインフラに対して反発するということは、質の低いインフラを作っているのかということになります。

「質の高いインフラ」には四原則があります。経済性、開放性、透明性がなければいけません。そして債務の持続可能性です。借金を返す力がないのに借金づけにして、返せなくなったらインフラを渡せというのはいけません。政治的思惑ではなく経済性を考え、企業も含めて開放するのです。それであれば日本も協力するわけです。

最終的に、二〇一九（令和元）年のG20大阪サミットで、「質の高いインフラ投資に関するG20原則」が中国も賛成して承認されました。中国を正しい道に連れてくる、後は実行です。中国もある程度、国際的評判は気にしますからね。

ポストコロナで求められる政治とは

――新型コロナ感染症のワクチン接種が日本も進んでいます。ポストコロナの政治に何が求められていますか。

安倍　まず、二つあります。傷ついた経済を完全に回復することです。そのためには思い切った財政政策が必要だと思っています。同時に、今回の経験を生かして備えることです。パンデミックを通じて起こった変化をしっかりとらえ、経済にしろ、社会にしろ変えることが必要だと思います。これまで一気に進めることは難しかったデジタル化について今回を機に相当リモート化が進み、デジタル化の必要性をみんなが考えるようになりました。学校も、生徒一人一人が端末を持ち、使いこなさなければならない。会社もオンラインが増えていきます。コロナ後も、選択肢の一つとして働き方改革は起こります。その変革に政治がついていかなければならないし、政治がリーダーシップをとっていかなければならないと思います。

中山　人の命を奪い、サプライチェーンは寸断されました。ただ、その中から意味を見いだそうとするならば、こうした事態に国が耐えられるのかといったある意味のペネトレーションテスト（問題点を洗い出すテスト）になりました。こうした事態を克服できる知恵を手当していくことが政治でも求められるのではないかと思います。

――リーダーシップをとれる政治家が必要ということになりますね。

安倍　中山副大臣もリーダーシップをとれる政治家の一人でしょう。私たちの世代と違って、ニューエイジの自民党の新しい世代だと思います。

政治家としてのルーツ

――中山副大臣は三代続いての政治家一家です。安倍前総理も政治家一家でいらっしゃいます。政治家としてのルーツについてどう思われますか。

安倍　初出馬の一九九三（平成五）年、中選挙区最後の総選挙でしたが、対抗馬として安倍派の県議だった古賀敬章氏が新生党から出馬、日本新党からも江島潔氏（現参院議員）が出馬しました。激しい選挙戦で、世襲批判も受けました。しかし、選挙は鍛えられます。世襲でいえば基本的に父親が政治家だと、自分が何者か説明するのも容易ですし、圧倒的に有利なのは事実です。そうでなければいちいち履歴を語らなければいけませんから。よく言うことなのですが、二代目議員は最初は、親への信頼のもとでの当選だという認識を持ってどう（自分への）信用を積み重ねてこられるかどうかです。二世議員もたくさんいますが途中で脱落することもよくあります。この世界、厳しいですから。

私はそのアドバンテージを活かし、票に直結はしませんが、外交安全保障に取り組みました。初当選のとき自民党は野党でしたし、党首も河野洋平氏でリベラルな雰囲気でした。そんな中、中川昭一氏（元財務大臣、故人）らと教科書問題に取り組み、「日本の前途と歴史教育を考える若手議員の会」を発足させ、「従軍慰安婦」という言葉を使っている教科書問題に取り組みました。質問主意書で「従軍慰安婦」という言葉は誤解を招く恐れがあり、単に「慰安婦」という用語を用いることが適切とする答弁書が閣議決定（二〇二一年四月）されましたが、我々が取り組んだことで火が付きました。また、北朝鮮の日本人拉致事件も、当時は取り組む人が全然いませんでしたが、意欲的に取り組んできました。

中山　当時の安倍総理に北朝鮮拉致事件の問題で呼ばれたことがあります。衆議院の北朝鮮等に関する特別委員会の筆頭理事を変えるからということでした。そのとき、一部のメディアから安倍政権は北朝鮮拉致問題に取り組むといいながら委員会を長期にわたり開いていない、と批判されていました。このため、二〇一三（平成二十五）年十月に委員会の筆頭理事になった私は早速、拉致現場となった新潟や大阪に委員会の理事らと出向きました。このことは大きな思い出です。

また、二〇一四（平成二十六）年に外務副大臣を任じられたとき、私は二人いる副大臣の筆頭でしたのでサイバーセキュリティを担当させていただき、米国やエストニアなどのサイバーの国際会議に出させていただきました。そのときに日本の（ホワイト）ハッカーの第一人者である方々と勉強会を催し、今もその勉強会は続いています。その知見が積み重なって、防衛省でも役立っています。

安倍　安全保障においてまさに宇宙、サイバー、電磁波が領域になっています。ゲームチェンジャーになりますから、中国もこの分野で人材や資金を投入しています。日本はやや遅れているのですが、この分野で一気に先頭に出るようなことをしなければならないと思います。

世襲議員といえば、中山副大臣も批判されたでしょう。最初は落選されたんですよね。大変な苦労だったと思います。

中山　橋本龍太郎氏が総裁のときが初陣です。三度目の正直で、二〇〇三（平成十五）年に初当選しました。民主党政権交代の選挙で落選、現在は五期となります。

安倍　大阪のど真ん中の浮動票の多い地域で、苦労を重ねてきたわけですね。これは本人にとっては大変なんですけど政治家としては糧になっています。私の父（晋太郎）も三回目の選挙で落選しました。次の選挙で当選するまでの三年三カ月の浪人期間があったのですが、「あの期間が自分を政治家として本物にした」とよく言っていました。そういう意味で、中山副大臣は重心を低く、物事を考えていきますね。けっして浮ついた考え方ではありません。それは、やはり泥にまみれた経験が生きているのだと思います。落選すると大変苦しい。人が離れていきますからね。離れていく人、残ってくれる人。人を見る目も奥深くなります。（中山氏は）苦労が良い方向に向かったのだと思います。明るいですから。並の世襲議員ではありません。そういう経験を活かして防衛副大臣として自衛隊のワクチンの大規模接種センターの本部長として成果をあげていると思います。

――先輩としてのアドバイスがありますか。

安倍　言うべきことを言うのが中山さんです。だから自民党の長老からは煙たがられることもありますがそれでいいと思います。大切なのは、上でも部下でも、相手によって態度を変えないということです。

私も第一次政権があああいう形で終わり、国民にご迷惑をかけて大変非難を受けました。政治家人生が終わったとも言われましたし、私も半分ぐらいそう思っていました。ただその後、地元の人たちから「晋三さん、残念だよ。でももう一回頑張れよ。応援してあげるよ」と言われました。もちろん、厳しいことも言われましたが、私も初心に戻って選挙をやりました。二〇〇九（平成二十一）年は自民党が野党に転落した年で一番厳しかったですが、圧倒的な勝利を得ました。その後、総理として三回総選挙を行っていますが、このときの票を超えられていません。肝心なときに票をいただいたと思います。やはりいかに、こちらが皆様の声を聞いたかではないかと思っています。

総選挙が近づいていますが、今回の総選挙は大変厳しい戦いになるかと思います。総選挙前に、自民党が一致結束することが大切だと思っています。

第 11 章

岸信夫防衛大臣との対談

岸防衛大臣と対談する中山

中山泰秀防衛副大臣と岸信夫防衛大臣との対談は二〇二一（令和三）年七月二十二日、都内で行われた。（以下、敬称略）

新領域と自由で開かれたインド太平洋戦略

中山　岸防衛大臣とは、田村耕太郎氏（当時・参議院議員）と三人で、米国・マンスフィールド財団の招聘プログラムで米国・ワシントンDCにご一緒しました。このとき、（日系二世の）ダニエル・イノウエ米上院議員

ダニエル・イノウエ氏（左）と会談する右から中山、岸、田村の三氏

（故人）と面会しましたが、何を話されたか覚えていらっしゃいますか。

岸　いろんなことがありすぎてね。

中山　私があのとき、提案させていただいたのは、自由主義民主主義国である日本、米国、韓国の島で、若手交流プログラムを行うことでした。日本は淡路島、米国はハワイ、韓国は済州島でした。

岸　いいアイデアでした。今は新型コロナで難しいですが。

中山　今、まさにハワイや日本など太平洋の西半分において、安全保障上の懸念が広がりを見せているように思えてなりません。当時、若手だった私があれから約二十年経ち、大臣に副大臣としてお仕えするようになりました。

岸　まさに防衛省の安全保障の最前線ですね。当時も安全保障環境が厳しいと言われていました。一番の課題は北朝鮮が核、弾道ミサイルの開発をしており、それにどう対処し、日本の守りをどうするのか、ということでした。その前からソ連の問題もありました。そういう意味で、世界中に冷戦構造が残っていました。その後、中国の問題が大きくなり、中国を問題視しているのは日本だけではなく、東南アジアのＡＳＥＡＮ諸国も同様で、グローバルな課題になっています。

中山　その時代から二十年が経ち、宇宙、サイバーという新しい戦闘領域が現れました。

岸　自衛隊も防衛力の整備で伝統的に従来の陸海空の戦力基盤を作ってきましたが、今その戦い方が技術革新とともに変わっています。戦場が宇宙、サイバー、電磁波に広がり、この分野で優位性を確保したものが、戦いを制するようになってきています。無論、陸海空という伝統的ネットワークは重要ですが、そのネットワークをサイバー戦によって破られたり、あるいは、宇宙から様々な仕掛けがなされるといった中、機動的かつ領域横断的に我々が動けるように確保しなければなりません。

岸防衛大臣

中山　インド太平洋を含めたＦＯＩＰ（自由で開かれたインド太平洋戦略＝Free and Open Indo-Pacific Strategy）構想がある中、昨年、一昨年から日本がその中心にあるように感じています。一番のフロントが外交、防衛の安全保障だと思っています。大臣は英国のウォレス国防大臣と七月二十日に会談され、「クイーン・エリザベス」空母打撃群の日本寄港が確認されましたが、まさに時宜を得たタイミングだと思います。防衛外交という点でさらなる展望をどう描いていらっしゃいますか？

岸　東シナ海における尖閣諸島や南シナ海など課題が色々あります。それぞれ当該の国、地域の課題だったのですが、（今は）国際社会で対処しなければならなくなってきました。十年前、二十年前はヨーロッパで、東アジアの状況を説明してもなかなか我がこととしてはとらえてもらえませんでした。それから考えると世の中変わってきたと思います。理由の一つは、安倍前総理がケニアで開かれたアフリカ開発会議（ＴＩＣＡＤ）で表明された考え方です。自由で開かれた海洋秩序に対するチャレンジが起こっているということです。これはエリアだけの問題ではなく、世界中で共有する問題です。ヨーロッパの国々も、インド太平洋でプレゼンスを示し、国際社会として「自由で開かれたインド太平洋戦略」に共感を持っています。これが地域の平和と安定につながるのだと思います。

少子高齢化社会における防衛

中山　我が国が特に心配な問題は少子高齢化社会です。日本は先進国の中でも高齢化社会へと突っ走っています。高齢化社会、人口減少が安全保障に与える影響が、我々がリクルーティングを頑張っている一つの理由だと思います。将来的に人口減が進む中、日本の安全保障について大臣はどのように思われ、どんな将来ビジョンをお持ちでしょうか？

中山防衛副大臣

岸　自衛隊の組織を担っているのは若い力です。ご指摘のように人口減少、少子化の環境下でどう確保するのか。経済に重きを置かれる社会になると、そちらに若年者も傾いてしまいます。ある意味、フィジカルコンディションにより直接的には前に出られなくなった人たちにしっかり支えてもらわなければなりません。新しい領域（サイバーなど）において、どう優位性を確保するべきかという問題と同様、（少子高齢化に対応するため）これからはＡＩ（人工知能）も活用しなければならないし、無人兵器も必要になってくるでしょう。

中山　（自衛隊の）定年延長やＯＢの活用に取り組んでいますが、（防衛省）単独では何もできません。やはり全てにおいて日米同盟が基軸だと感じます。

ところで、大臣は商社マン時代がおありになり、民間人の立場で米国に長くお住まいになられていました。そのときのご経験が日米の今の関係で資することはありますか？

岸　民間の会社に勤めていたとき、オレゴン州のポートランドに五年ほどいました。とても日系人が多いところでした。戦時中、日系人の収容所が近くにあり、日本を故郷に持っている人がたくさんおられ、ビジネスを含め日本と関係のある人が多かった場所でした。西海岸全般に言えるのかもしれませんが、日米関係に対して理解があり、とても良い雰囲気が作られているところだったと思います。

中国がどんどん膨張、軍事力も拡大し、バランスが崩れています。人口でいえば減少社会の日本がしっかりと防衛力を維持するためには、自身の防衛力を高めることはもちろんですが、同時に日米の抑止力をしっかり効かせられるようにこれまで以上の日米の協力が必要になっています。さらに言えば国際協力をどう進めていくかです。

新型コロナ対応

中山　大臣が昨年、着任され、私も副大臣としてお仕え申し上げる形になり、新型コロナに対応するための自衛隊のワクチン大規模接種センターの本部長になるようご下命を承りました。お陰様で国民の皆様のご協力を得ながら順調にここまできました。当初の予定の八月から九月に開設期間が延長になりました。中国の武漢からあっという間に世界中に広がり、多くの人命を奪いさってしまった新型コロナウイルスとの戦いで、改めて経済安全保障、サプライチェーンのリスクなどいろんなことを考えさせられるきっかけになりました。大臣がこのパンデミックで気づかれたことをお教えください。

岸　昨年の一月、私はちょうど北京に二日間いました。その時点では、武漢で新型コロナが発生しているが限定的なもので、このような感染の広がりが起きるという実感はありませんでした。この後、日本にもたらされ一気に広がりましたよね。まさに大規模災害で、自衛隊も対処しなければならない事態に陥ったわけです。パンデミックに対して国家がそれぞれしっかり対応しなければならないと痛切に実感しましたね。

中山　地方分権が進んでいますが、パンデミックのコントロールは中央にしっかりと情報を寄せることも大事だと思いました。

岸　その通りです。また、日本だけでは対処することができず、国際社会で連携していかなければならない。情報の共有も必要になります。初期において、情報共有ができない国があり、国際社会の対応が遅れてしまった面もあると思います。

中山　パンデミック禍に、やすりで包丁を研ぐように軍拡をしている国もあります。

岸　人が苦しんでいるときに、そこにつけこんでくるような動きが様々あります。東日本大震災のときもそうでした。そういうときにしっかりと守りを固められるのかどうかということが試されているのだと思います。

中山　私、中山を自衛隊のワクチン大規模接種センターの本部長に指名されたとき、感じられたことなどざっくばらんにお聞かせください。

岸　自衛隊がワクチン接種をしっかりサポート、プッシュする立場になり、その一番肝のところです。自衛隊として初のミッションを行うわけですから、これは若い方にしっかり、やっていただきたいと思いました。どんどん状況が変わる中で対応しなければならない難しい仕事です。副大臣にやってほしいと思いました。

東京一極集中

中山　防衛省の閣僚は大臣以外、私も政務官も大阪が地元です。大臣は山口県ですが同じ西日本です。東京一極集中について、政治家というお立場でお話しいただければと思います。「日本列島改造論」のように岸信夫型のドリームというのがありますか？

岸　私の地元の山口県は大阪よりも、広島よりもさらに先にあります。しかし、東京の人は同じ方向だからと広島、山口を一日で旅行するプランを立てるかもしれません。実はかなり離れており、一日で旅行するのは難しい。そういうことが実感できないぐらい（東京から見ると）遠い地域だと思います。ただでさえ狭い日本で、東京に一極集中してしまうと力が限られてしまう。国全体として力を伸ばそうとするときは、地方の力を出しやすい環境を作る必要があると思います。

今回の新型コロナの影響で地方回帰が起こりました。リモートで仕事ができれば地方にいても（東京と同じ）環境になり得るのだと思います。ただ、何が違うのかというと、情報（インフラの）過疎があります。私の地元（山口県田布施町）には、光ファイバーを使うケーブルテレビがありません。そういうところはしっかりとやっていかなければなりません。

中山　私は一九八六（昭和六十一）年から三年間、フランスの高校に通っていました。当時、フランスでは、ミニテルという情報通信サービスがあり、地方の不便なところからスタートさせていました。今大臣のお話を聞きまして、日本は真逆だと思い驚きました。

岸　人がいる所でないとビジネスがなりたたないということもあるのでしょう。

防衛予算

中山　大臣の選挙区には、自衛隊と米軍が共同使用する岩国基地があります。基地を抱える自治体の思いを国民全体で共有しようとする気運はありますが、現実に移転しようとすると反対運動があり具現化しにくい。岩国の方々の思いを基地がない地域に住んでいる我々に教えてください。

岸　岩国基地は戦前から旧帝国海軍の航空基地として存在していました。戦後は、米国に接収されます。女優のマリリン・モンローが夫だった野球選手のジョー・ディマジオと一緒に来たりしています。歴史があるのとパイロットの基地で比較的彼らの行動も律せられていたということもあり、地元の人たちとうまくやってきました。そうはいっても米軍再編の中で空母艦載機の移転や、沖縄・普天間基地のＫＣ１３０空中給油機の移転があり極東最大の基地になってしまいました。一方で、昔から基地があり、米軍側が市民感情をよく理解していて普段からコミュニケーションを図っています。基地外でボランティア活動も行っており、理解が深まっています。そうしたところに対して防衛省はしっかり予算的にサポートして日米の関係がうまくいくように取り持っています。理想的な環境が岩国にはあるかと思います。

中山　予算ということですが、自民党の国防部会・安全保障調査会が「経済財政運営と改革の基本方針２０２１」（骨太方針２０２１）への反映を目指し、防衛費の増額などの提言をまとめました。北大西洋条約機構（ＮＡＴＯ）が各国に求めている国内総生産（ＧＤＰ）の二％以上について、ある一定の理解があると思います。防衛関係予算は安倍政権下で前年比プラス一・一％と増額されましたが、予算の約五兆円の半分弱が人件費です。自衛隊の定員の充足率を上げたいと思うと、福利厚生をさらに充実させるなどすればよいと思いますが、今後厳しい安全保障の環境下でお考えのことはありますか？

岸　防衛予算を考えると（五年ごとの）中期防衛力整備計画（中期防）の枠組みで毎年の予算を考えなければなりません。シーリングがかかります。どんなに安全保障環境が厳しいとしても防衛予算だけをどんどん伸ばすわけにはいきません。そういった中、我が国の防衛をしっかり続けるためにどうやっていくのか、また発信していかなければならないと思います。中期防にしても、今の安全保障の世界は五年前に想定した世界とは格段に違い、スピードも速く変化しており、どこまで有効か常に考えていかなければなりません。

台湾海峡の平和と安定の重要性

岸　台湾とは、私自身もお付き合いが非常に長い。生まれて初めての海外旅行が台湾です。（一九七二（昭和四十七）年の）日中国交正常化で台湾との国交が断絶される直前ぐらいです。今のうちに行こうとなりました。どういうことかわからなかったのですが、台湾の方々はとても優しく接してくださいました。

四月に与那国島に行ってきましたが、台湾の花蓮まで百五十キロ。すぐにそこに台湾があります。台湾の安全保障について日本と関係ないという意識の方も多いかと思うのですが、実際には、南西諸島全般で考えても他人事とは言えず、注視をしていかなければなりません。台湾海峡の平和と安定が重要であるというメッセージは当たり前の話ですが、これまで言わなすぎたと思います。しかも日本だけではなくて米国、あるいは他の国と共有することが大事だと思います。

中山　私も初の海外旅行が偶然ですが、台湾でした。私は国交断絶直後でした。また、大臣がおっしゃった通りの認識で寸分の狂いもありません。大臣との台湾のトピックで忘れられないことがあります。大臣が会長になられていた「日本・台湾経済文化交流を促進する若手議員の会」です。私は台湾関係法委員長でした。

岸　名前の「若手」は途中でとっちゃえとなりましたね（笑）。

中山　台湾関係法の議論、ヒアリングにも行きました。海外の方と交流もして、米国の台湾関係法も勉強しました。

岸　台湾関係法は中川昭一さん（故人）も提唱していました。米国の台湾関係法は安全保障の印象がとても強いですが、日本として同様のものを持つということではなくて日本と台湾との関係がしっかりと位置づけられてないのではないかという問題意識から国内法（の整備）、そういう考えをしっかりしといた方がいいということで勉強させていただきました。

台湾海峡の平和と安定について、中国は常に内政干渉だといっています。日本を含め、（国際社会が）そう思ってますよ、っていうことを示すことで（中国が）力で変えようということはしにくくなっているのだと思います。

中山　大臣の言葉を裏付けるのは、南シナ海の（中国による）人工島の造成です。世界がリニューアルエナジーやグリーン（の保護）を行っている一方で、サンゴ礁の海を破壊し、軍事化していることを世界中が懸念しており、注視している状態です。

自衛隊による災害支援

岸　静岡県熱海市で七月三日に起きた土石流でも自衛隊は発生当日から警察消防と連携をとり、住民救助を第一にやってきました。気象変動が最近、大きな災害に結びついています。これまでも梅雨明けの大雨はあったと思いますが、規模が全然違っています。気候変動そのものが安全保障のリスクになってきているということをものすごく実感しています。

中山　気象予報について航空自衛隊は特に飛行機を飛ばしますから重要です。例えば、雲の動きを立体的にとらえ飛行プランを作るなど、今後さらに官民融合による情報技術の進化が期待されます。

予算の話とも関係しますが、災害救助にいって本来業務と違うことをやらせていいのかという意見もあります。自然災害が安全保障の戦いの中で、テコにして戦術にかえるきっかけになることもあるかと思います。

他方、豚コレラや鳥インフルエンザでも自衛隊が出動しましたが、これについて本来業務かどうかといわれるとどうでしょうか。

岸　あまりにそういうケースが多すぎ、鳥インフルエンザでは過去二十年間と同数のケースが昨年の一時期だけで起きてしまいました。本来は、商売をやっている方で解決をしていただけないかと思っています。一時的に迅速に処理しなければならないため、都道府県の要請で動きましたが、どこまでもということではいけないと思います。

熱海みたいな土砂災害でも、自衛隊は基本的には人命救助で動いています。被災者にとってはあれだけの土砂に襲われ、人命救助の時期が終わり、自衛隊が引き上げるとなると残された自分たちはどうなるのか、ということが現実にはあります。我々がきっちりと撤収計画を立てていかなければならないと思います。

サイバーセキュリティへの対応

中山　私自身がもっとも関心を持っているのがサイバーセキュリティです。サイバー領域といっても最後は人になります。人が育たなければ安全性の向上ははかれません。セキュリティソフトウェアの技術向上は官民の横断的な取り組みが必要です。
今回の新型コロナのパンデミックのウイルスは、宿主を求めてワクチンを接種していない若い人に感染していくわけです。コンピューターウイルスも、同様の特性を持っているといえるかもしれません。パンデミックも日本独自のワクチン開発、治療薬が重要ですが、サイバーセキュリティも同様です。改めて日本の再興のために、先人たちの技術、「メイド・イン・ジャパン神話」を復活させるべきではないかと考えています。技術を育て、全体のストラクチュアを考える人が重要です。安倍前首相が「地球儀を俯瞰する外交」を提唱されていましたが、サイバー空間も同様に「地球儀を俯瞰する外交、地政学」が必要だと思います。大臣も今後十五年、二十五年を見据えての考えがおありですか？

岸　東京五輪の時期、そこをターゲットとしてサイバー犯罪が起こる可能性を色々考えなければなりません。これまで以上にしっかりと、サイバーセキュリティに取り組まなければなりませんし、オリンピック後も考えなければなりません。サイバー犯罪には国境がないわけですから、その中で、我が国が生き残り、さらに発展することを考えると、人々が安心して暮らすことができる社会にしなければならないと思います。

終わりに

中山泰秀氏の取材中、新聞記者時代のある記憶がよみがえりました。

一九九三（平成五）年、安倍晋三前首相が父親の晋太郎氏の急死で地盤を引き継ぎ、初出馬したときの取材です。このとき私は、産経新聞大阪本社社会部で遊軍という、特定の持ち場がなく臨機に活動する部署におり、デスクの命令で、注目区だった山口一区（中選挙区）に取材に出向きました。新党ブームで自民党には大逆風のときです。安倍氏の陣営に取材を申し込んだのですが、「選挙活動中で時間がとれません」とにべもありません。本人が乗る選挙カーの後を追いかけ五分間だけ、取材時間をとってもらいました。短い時間にあせりながらダイレクトにぶつけた質問は「世襲と批判されることについてどう思いますか」。記者として半人前だった私のぶしつけな質問に、安倍氏の答えは「世襲について、あなたはどう思いますか」「勉強した方がいいですね」だったと記憶しています。安倍氏がステレオタイプな世襲質問にうんざりしていたことは想像に難くありません。

世襲とは何か。地盤、看板、カバンがあれば、当選しやすいのは事実です。一方、「〇〇チルドレン」のように、そのときのイシュー（問題）の「風」で地盤、看板、カバンもない新人が大量に当選することもあります。

「次の世代のことを考えるのが政治家。自分の次の選挙のことだけを考えるのが政治屋」という言葉を聞いたことがあります。一概には言えませんが、「帝王学」のように議員である父親の国際政治の舞台に同行したり、国内海外も含めて若い頃から人脈を広げていく〝世襲〟議員の存在は国民にとって悪いことではありません。日本の国のことを第一義に考え行動する政治家であれば、世襲で議員になったかどうかは関係ないと思います。官僚出身の政治家も一定数いますが、各々の環境で得た「財産」を政策に生かしてくれるのであれば、日本の国にとっても財産でしょう。

安倍氏は対談で、「二世議員としてのアドバンテージを活かし、票には直結しないが、外交安全保障に取り組みました」とおっしゃっていました。中山氏も同様に外交防衛の分野に取り組み、海外にも評価される政治家の一人になっています。

中山氏との取材期間は半年以上になりました。新聞記者を約三十年続ける中で多くの政治家に出会いました。いろいろなタイプの政治家がいました。身内と外で態度を変える人、秘書を顎《あご》で使ったり、上から目線の方もいましたが、中山氏において少なくともそうした場面に一度も遭遇することはありませんでした。中山氏が日本人拉致事件で現地対策本部長の渦中のときにフェイスブックが更新されていたことが国会で取り上げられる事態になりました。実際は、地元事務所の秘書が、支持者が心配しているのではないかとフェイスブックページに中山氏を取り上げたニュース記事を頻繁にアップした際、「事務所更新」と明示しなかったことなどから誤解されることになりました。この秘書は叱られることを覚悟していましたが、中山氏は「以後気を付けるように」という注意だけで、批判されても「秘書がやった」というありがちな言い訳もしなかったそうです。

高校でフランス留学していた中山氏が夏休みに帰国したときに家庭教師を務めた、早稲田大理工学術院の朝日透教授は当時を振り返り、「(中山氏は)高校生でしたが臆せず、政治について熱く語っていたことを思い出します。議論になることもありました。お父さん(正暉氏)のことを本当に尊敬しており、あの頃から政治家を目指していたのではないでしょうか」と話します。当時研究者の道を目指し、政治経済にさほど関心がなかったという朝日氏でしたが、議員宿舎に帰宅した正暉氏と会話をかわすようになり歴史や故事に詳しい博識ぶりに舌をまき、政治家のイメージが一新、政治に目を向けるきっかけになったそうです。正暉氏を大学に招いたとき、「人を裏切るな、一生が勉強だ」と学生に語ったことが印象的だったと振り返ります。「政治家というより教育者という体でした。泰秀氏と正暉氏の政治信条が同じなのは、父親の背中を見ていたからではないですか」と語ります。

　正暉氏は、一九七三（昭和四十八）年に結成された、自民党内の政策集団「青嵐会」の主要メンバーの一人です。中川一郎氏（故人）、石原慎太郎氏ら数十人が集まり、「憲法改正、自主防衛」などと主張、石原氏の提案で結成のとき、血判をついたことでも知られます。青嵐会は、徹底した対中強硬路線を貫くはずでしたが、衆議院外務委員会で日中平和友好条約を採決するとき、石原氏をはじめほとんどが賛成、自民党で反対したのは中山正暉氏だけでした。泰秀氏もイスラエルとパレスチナ自治区ガザを実効支配するイスラム原理主義組織ハマスの軍事衝突について、「テロリストであるハマスから国民を守る権利がある」とした自身のツイッターが国会で取り上げられ、矢面に立たされました。参院外交防衛委員会への遅刻で野党が反発、委員会が取りやめになり、国会運営上、泰秀氏はツイッターを取り下げました。ただ、遅刻がなければどれだけ批判されたとしても、泰秀氏がツイッターを撤回することはなかったように思います。父親の政治の生き様を継いでいるからです。

　台湾、中国との関係で泰秀氏は改めて五十年後に今の政治外交の在りよう、政策が及ぼす影響を考えなければならないと問いかけています。

　大学生の頃から中山氏を知っている早稲田大客員教授でヘッドライン代表取締役社長、一木広治氏によると、正暉氏は「急激に時代が変化するからこそ昭和、平成、令和の三世代の語り部が必要。泰秀に（語り部として）俺の魂を注入した」と語ったそうです。世襲と批判的に見る人はいなくならないでしょうが、中山泰秀氏は「親子鷹」で政治家を全うしようとしています。もちろん、議員でいるためには有権者の審判を経なければなりませんが……。

中山泰秀氏が取材初日に私に告げた「世襲が背負った十字架」を中山氏の取材を通じ紐解く作業は、はからずも安倍氏から二十八年前にいただいた、「世襲とは何か」という宿題の答えを探す作業にもなりました。この本の中で一つの回答が見えたと思っています。

新型コロナウイルスの感染が広がる中、取材の制限もありました。この本の完成には安倍晋三前首相、岸信夫防衛大臣、政治学者のロバート・D・エルドリッヂ氏、イスラエル大使館、ヘブライ語講師の青木偉作氏、イスラム思想研究者の飯山陽氏、学校法人山野学苑理事長の山野愛子ジェーン氏、ミルケン・インスティチュート・アジアフェローの田村耕太郎氏、一木広治氏、朝日透氏、大阪大学大学院の星野俊也教授、そして中山泰秀氏ご本人をはじめお父様の正暉氏、中山事務所秘書の鈴木奈津子氏、小川一彦氏、井上恭子氏ら書ききれないほど多くの方々のお世話になりました。改めまして御礼を申し上げます。

二〇二一年八月吉日

参考文献

「オキナワ論　在沖縄海兵隊元幹部の告白」（ロバート・D・エルドリッヂ　新潮新書）
「超限戦　21世紀の『新しい戦争』」（喬良、王湘穂　共同通信社）
「エコノミック・ステイトクラフト　経済安全保障の戦い」（國分俊史　日本経済新聞出版）
「サイバー戦争論　ナショナルセキュリティの現在」（伊東寛　原書房）
「サイバー攻撃の実態と防衛」（21世紀政策研究所）
「暴露の世紀　国家を揺るがすサイバーテロリズム」（土屋大洋　角川新書）
「サイバーアンダーグラウンド　ネットの闇に巣喰う人々」（吉野次郎　日経ＢＰ）
「挑戦　小池百合子伝」（大下英治　河出書房新社）
「検証『イスラム国』人質事件」（朝日新聞取材班　岩波書店）
「日本とユダヤ　その友好の歴史」（ベン・アミー・シロニー、河合一充　ミルトス）
「イスラエルを知るための62章」（立山良司編著　明石書店）
「自分を活かせ！　僕はどうやって自己実現したか」（南部靖之　講談社）
「長崎の女たち」（長崎女性史研究会編　長崎文献社）
「先駆者たちの肖像　明日を拓いた女性たち」（財団法人東京女性財団編著　ドメス出版）

「福蔵どん　中山福蔵の生涯」（中山太郎　中山太郎後援会）
「笑顔という、たったひとつのルール」（山野愛子ジェーン　幻冬舎）
「美容　世界一周八十三日」（山野愛子　山野高等美容学校）
「血の政治　青嵐会という物語」（河内孝　新潮新書）

杉浦美香（すぎうら・みか）

ジャーナリスト、産経新聞元札幌支局長。
兵庫県尼崎市生まれ。立命館大学法学部卒業後、産経新聞社入社。記者歴約 30 年。大阪本社社会部で警察、司法、教育などを担当。1997 年、米国・ジョージタウン大ケネディ倫理研究所でバイオエシックス（生命倫理）をテーマに Visiting Fellow として留学。帰国後、臓器移植法成立後初の脳死臓器移植、再生医療、ヒトゲノムプロジェクトなどを取材連載。東京社会部、外信部、科学部。サイバーテロ、バイオテロ、国連の気候変動枠組み条約会合、生物多様性条約締約国会議、新型インフルエンザなどの取材連載も。山形支局長、札幌支局長、正論調査室次長を歴任。山形「正論」友の会、北海道「正論」友の会を立ち上げ、事務局長を務めた。2019 年 11 月退社。安全保障、技術、環境、SDGs、医療などを取材執筆。日本筋ジストロフィー協会監事、倫理委員会委員。

政治家　中山泰秀

令和 3 年 9 月 16 日　初版発行

著　者　杉浦美香
発行人　蟹江幹彦
発行所　株式会社　青林堂
〒 150-0002　東京都渋谷区渋谷 3-7-6
電話　03-5468-7769
装　幀　（有）アニー
印刷所　中央精版印刷株式会社

Printed in Japan

ISBN 978-4-7926-0708-1